Giraudoux
Maurois
Prévert
Vercors
Jean-Paul Sartre
Albert Camus

CONTES CÉLÈBRES DU XXe SIÈCLE

Présentation et notes par
Carola Bogdahn,
Monique Le Hir
et Volkhart Weizsäcker

Ernst Klett Schulbuchverlag

Herausgegeben von Carola Bogdahn, Hannover, Monique Le Hir, Paris, und Dr. Volkhart Weizsäcker, Stuttgart.

Tonträger:
Compact-Cassette, Klett-Nr. 597332, Laufzeit ca. 71 Minuten.
Die Cassette enthält folgende Erzählungen:
La Lettre anonyme, Naissance d'un maître, Le Dromadaire mécontent, Ce jour-là, Les Muets.

Gedruckt auf Neoprint, hergestellt von Stora Papyrus aus chlorfrei gebleichtem Zellstoff, säurefrei.

1. Auflage 1 7 6 5 4 | 1995 94 93 92

Alle Drucke dieser Auflage können im Unterricht nebeneinander benutzt werden, sie sind untereinander unverändert. Die letzte Zahl bezeichnet das Jahr dieses Druckes.

Redaktion: Gérard Hérin, Verlagsredakteur
Bildquellen: Roger Viollet, Paris (S. 6, 11, 17, 20, 28, 53); Punch, London (S. 12); Gallimard, Elsa Enriquez, Paris (S. 19); Prado, Madrid (S. 31).
Umschlaggestaltung: Hans Lämmle, Stuttgart.
Satz: Setzerei Lihs, Ludwigsburg.
Druck: Gutmann + Co., Heilbronn. Printed in Germany.
ISBN 3-12-597330-9

Table des matières

Abkürzungen und Zeichenerklärung

f	féminin	*rég*	régional
m	masculin	*vx*	vieux
f,plur	féminin pluriel	*fig*	figuré *(in übertragener Bedeutung)*
m,plur	masculin pluriel	*litt*	littéraire
(↑)	= siehe oben	*fam*	familier
(↓)	= siehe unten	*pop*	populaire
≠	le contraire de	*péj*	péjoratif *(abwertend)*
		esp.	espagnol

Préface

Ce recueil de contes comporte des textes qui varient en longueur et en degré de difficulté. Il s'adresse donc à un large public, notamment aux élèves des trois dernières années des lycées.

Ces contes traitent, sans exception, de points cruciaux du comportement humain. Vous rencontrerez, dans chaque histoire, diverses attitudes prises par l'individu placé devant ses responsabilités, et divers problèmes qui se posent alors à lui. Vous découvrirez, en outre, dans les contes de Giraudoux, de Maurois et de Prévert, que le comique et le sérieux sont parfois étroitement liés.

Vous serez guidés, dans votre lecture, par des explications de mots en marge des textes. Pour faire la distinction entre vocabulaire passif (mots à reconnaître par la suite) et vocabulaire actif (mots à apprendre), nous avons souligné ce dernier. De plus, la cassette constituera un support à la fois attrayant et efficace. Les notices biographiques, enfin, seront une aide précieuse pour mieux connaître l'auteur (et, par conséquent, mieux comprendre sa pensée) et une illustration utile du contexte historique des contes.

Si vous n'êtes que peu familiarisés avec la lecture de textes littéraires, nous vous proposons de commencer par Giraudoux *(La Lettre anonyme)*, Maurois *(Naissance d'un maître)* et Prévert *(Le Dromadaire mécontent)*. Il s'agit de contes assez faciles à lire, et par ailleurs, très amusants. Passez ensuite à la lecture du texte de Vercors *(Ce jour-là)*, qui vous amènera à réfléchir sur une petite énigme. Terminez par Sartre *(Le Mur)* et Camus *(Les Muets)*. Dans le premier de ces deux récits relativement difficiles, vous assisterez à un bref épisode de la guerre d'Espagne (1936–39), d'une grande intensité dramatique. Vous découvrirez, dans le second, le déroulement et les suites d'une grève dans une tonnellerie, en Algérie.

Selon nous, la lecture de textes littéraires n'est pas uniquement un exercice intellectuel et linguistique. Elle a, en outre, un côté «jeu» que nous avons tenu à mettre en valeur en proposant, dans le livre du maître, des travaux qui font appel à la créativité. Mais pour pouvoir profiter de cet aspect, il ne faudra pas rester dans une attitude de purs consommateurs de littérature! C'est dans ce but que nous vous suggérons diverses activités créatives que vous pourrez mettre à profit:

- sur le plan linguistique en vous exerçant à l'écrit,
- sur le plan de l'imagination en inventant et en composant votre propre récit,
- sur le plan intellectuel en vous livrant à des réflexions qui vont au-delà du cadre du texte.

Peut-être découvrirez-vous, chemin faisant, que le travail et le plaisir ne sont pas incompatibles.

Jean Giraudoux

Jean Giraudoux est né en 1882, à Bellac, sous-préfecture de la Haute-Vienne. L'amour qu'il porte à sa ville natale et au Limousin apparaît dès ses premiers ouvrages.

Interne au lycée de Châteauroux, il est un élève brillant et studieux, attiré à la fois par la culture gréco-latine et la littérature allemande. Grâce à une bourse d'Etat, il séjourne en Allemagne et dans divers pays européens. Après avoir passé sa licence de lettres, il prépare l'agrégation d'allemand, mais échoue.

Il enseigne un an aux Etats-Unis comme lecteur de français à l'université d'Harvard, puis, de retour en France, il entre dans le journalisme. Ses premiers contes paraissent, signés d'un pseudonyme, dans un journal – «Le Matin» –, où il est rédacteur littéraire.

En 1910, il commence une carrière de diplomate qui lui permettra de satisfaire son goût des voyages. Il devient en 1939, au début de la Seconde Guerre mondiale, commissaire général à l'Information, mais se retire peu après de la vie publique. Il meurt en 1944, sans avoir vu la Libération.

Jean Giraudoux nous a laissé une œuvre diversifiée de conteur, de romancier et d'homme de théâtre. Sa première parution, «Les Provinciales» (1909), un brillant recueil de nouvelles thématisant ses souvenirs d'enfance, connaît immédiatement le succès. Deux ans plus tard, il en publie un second, série d'études de caractères intitulée «L'Ecole des indifférents». La plupart de ces textes avaient paru auparavant dans des revues littéraires ou dans des quotidiens. De même, «La Lettre anonyme», dont nous proposons la lecture, fut tout d'abord publiée par «Le Matin» en 1910, puis éditée une deuxième fois, en 1952, sous le titre «Les Contes d'un matin» avec d'autres nouvelles datant de la même période.

Les romans de Jean Giraudoux, dont le plus célèbre est «Siegfried et le Limousin» (1922), fascinent par leur style brillant. Ses pièces de théâtre sont jouées aujourd'hui encore dans le monde entier. Les plus connues sont «Siegfried» (1928), «La Guerre de Troie n'aura pas lieu» (1935) et «La Folle de Chaillot», publiée en 1945, après la mort de l'auteur.

La Lettre anonyme

Le 15 février, M. Lenard trouva dans son courrier matutinal une carte-lettre. Il en examina la date pour prendre en défaut le lieu d'expédition, pour accuser les compagnies de chemins de fer, et les signatures pour critiquer ses amis, et il fut déçu. La lettre était anonyme, et rien ne la situait, ni dans le temps ni dans l'espace.

«Monsieur Lenard, y disait-on seulement, madame votre épouse vous trompe. Vous êtes maintenant le seul à l'ignorer. Faites un signe, un signe unique, et un ami fidèle vous renseignera.»

M. Lenard lut ces mots avec les apparences de l'indifférence la plus profonde. Ce n'était pas cependant qu'il fût un mari complaisant ou crédule, ou assez dissimulé pour attendre longtemps une terrible vengeance. Il était tout simplement célibataire. Aucune femme n'était passée à son horizon, ou en tout cas, elle y était passée si vite qu'il n'avait même pas eu, comme pour les étoiles filantes, le temps de faire un vœu. Il déchira donc le billet en morceaux de plus en plus petits, comme l'athlète déchireur de cartes.

Or le mois suivant, à la même date, toujours anonyme, la lettre revint.

«Monsieur Lenard, répétait-elle, celle qui a l'honneur de porter votre nom, Mme Lenard, vous trompe indignement, vous restez toujours le seul à l'ignorer. Soyez courageux. Faites-nous un signe, un unique signe.»

M. Lenard déchira le billet, mais plus lentement. Il en ramassa même les morceaux pour reconstituer la phrase exacte. N'ayant jamais reçu, n'ayant jamais écrit de lettres anonymes, il ne professait pas pour elles trop de mépris. Etre pris pour un monsieur trompé est chose désagréable pour un mari, mais cela ne manque pas, pour un célibataire, d'un certain

matutinal,e *litt* du matin
prendre en défaut *ici: litt* découvrir
un lieu un endroit

tromper qn être infidèle à qn

complaisant,e qui pardonne facilement
crédule qui croit facilement ce qu'on lui dit
dissimulé,e qui cache ses sentiments
la vengeance le fait de prendre sa revanche
une étoile filante Sternschnuppe
un vœu [vø] un souhait
déchirer mettre en morceaux

indignement d'une façon qui inspire la colère

professer avoir, montrer
le mépris ≠ le respect

charme. M. Lenard était flatté, non pas de la méprise, mais de l'intrusion du mystère dans sa vie. Il lui semblait recevoir la visite d'une personne non seulement inconnue, mais voilée. Le mois suivant, quand la lettre eut reparu, il eût fait volontiers le signe, l'unique signe. Mais on ne disait pas lequel. Le cours de ses premières pensées en fut peu à peu changé. Il se sentait pris de quelque sympathie pour le mari avec lequel la charité publique, évidemment, le confondait. Le soir, quand le soleil étalé dorait jusqu'à la coupole des Invalides, alors qu'il aurait dit autrefois: «Le beau temps!», il se surprenait à penser: «Le pauvre homme!» Et lui qui se promenait toujours les yeux dirigés vers le trottoir, sans avoir jamais, du reste, la chance de trouver quelque pièce de cinquante centimes, il se surprit à regarder une femme. C'était un jour de pluie, dans un omnibus. Il était à l'intérieur, et lui offrit sa place, décidé surtout, à vrai dire, par le fait qu'il descendait au prochain arrêt. Elle eut un sourire si reconnaissant qu'il resta quelques minutes de plus sur la plate-forme pour ne pas rabaisser la valeur du service rendu, et qu'il dut regagner sa maison à travers des plaques de boue.

Vingt ans de solitude n'avaient pu faire sentir à M. Lenard qu'il était isolé. Après cette rencontre d'une demi-minute, il se sentit abandonné. Sa chambre elle-même lui semblait faite pour un autre que pour lui; les accoudoirs des fenêtres étaient trop larges; il ne se voyait que jusqu'au col dans l'armoire à glace, et il lui semblait, en attachant sa cravate, faire la toilette à un décapité. La clarté de sa lampe était trop large; son feu trop étroit. Parfois, à voir passer une jolie femme qu'il ne devait jamais connaître, dont son cœur portait déjà le deuil, il la saluait comme on salue un enterrement. L'une lui répondait d'ailleurs aussi rarement que l'autre. Les grands changements de la vie, s'ils viennent quelquefois au moment où on les désire le plus, arrivent cependant sans qu'on s'en aperçoive, comme le sommeil. M. Lenard se trouva un beau jour fiancé à Jenny qui était modiste.

flatté,e satisfait dans son amour-propre
une méprise une erreur
l'intrusion de qc *f* l'apparition soudaine de qc
voilé,e couvert d'un voile (Schleier)
la charité l'amour du prochain
étalé,e qui s'étend sur une grande surface
la coupole des Invalides Invalidendom (in Paris)
à vrai dire en réalité
reconnaissant,e qui exprime le remerciement pour un service rendu
rabaisser réduire, diminuer
une plaque de boue *f* Schlammpfütze
un accoudoir Fensterbrett
un décapité qn à qui on a coupé la tête
le deuil [dœj] Trauer
un enterrement *ici:* les personnes qui accompagnent un mort au cimetière
une modiste *ici:* une ouvrière qui fait des chapeaux de femme

page 9

Eugénie l'épouse de Napoléon III, empereur de 1852 à 1870
être bien de sa personne avoir une apparence physique agréable
une échasse Stelze
des jambes en échasses des jambes très longues
le mollet Wade
Vincennes une ville de la banlieue est de Paris
une paroisse Pfarrgemeinde
accidenté,e rempli d'événements imprévus

Jenny s'appelait en réalité Eugénie. Mais la Parisienne préfère quelquefois le nom de l'ouvrière à celui de l'impératrice. Jenny était bien de sa personne, et cela lui suffisait, celle des autres l'intéressant peu. Elle avait de grosses joues et un menton très fin, des jambes en échasse et de forts mollets, était à la fois, si l'on veut, une fausse maigre et une fausse grasse. M. Lenard lui plut-il? Elle ne se posa pas la question, et M. Lenard ne se la posa pas non plus.

C'est à Vincennes, sa paroisse, que fut célébré le mariage. Il fut accidenté. Un cheval échappé traversa la route juste devant les voitures du cortège. Un lièvre seul, dit-on, porte malheur. Le landau des mariés versa. Les badauds et les sergents de ville, habitués aux noces travesties pour cinématographe, crurent qu'il s'agissait d'un film comique, et se gardaient bien d'intervenir. On s'attendait presque à les voir sortir de leur voiture, comme dans l'histoire du mitron et du charbonnier, elle tout en noir, lui tout en blanc. Triste présage, au seuil d'une union. Au dîner, par surcroît, un invité renversa la salière dans son potage.

C'est souvent aux abords des ports les plus sûrs que la barre est la plus dangereuse. Le mariage une fois franchi, les époux eurent une année entière de calme. Etait-ce le bonheur? M. Lenard, qui n'avait jamais été heureux, était peu qualifié pour le dire. Il prenait de nouvelles habitudes, ce qui est bien, et gardait précieusement les anciennes, ce qui est mieux. Il continua à boire son café sans sucre, à faire des patiences et à recevoir chaque mois la lettre dénonciatrice. Les termes et l'écriture en variaient parfois. Il collectionnait les témoignages d'une charité si mal dirigée, mais si fidèle.

Or, un 15 au matin, le billet ne vint pas. Ce retard l'intrigua. Il alla répondre à chaque coup de sonnette, espérant le facteur, et dut payer une série de factures qu'il espérait bien remettre. Le lendemain, il paya la double taxe d'une lettre non affranchie, et qui n'était d'ailleurs qu'un prospectus. Le troisième jour, un

un cortège les personnes qui accompagnent une cérémonie
un lièvre Hase
un landau [lãdo] une voiture à cheval, couverte, à quatre roues
verser tomber sur le côté
un badaud un passant curieux
un sergent de ville *vx* un agent de police
la/les noce(s) le mariage
travesti,e costumé
le cinématographe *vx* le cinéma
se garder de éviter de
un mitron un apprenti boulanger ou pâtissier
un charbonnier *vx* un homme qui vend du charbon
un présage un signe qui annonce que qc va se passer
au seuil de au commencement de
par surcroît en plus
renverser faire tomber
une salière ce qui contient le sel
aux abords de *m* près de, à l'entrée de
la barre ce qui sert à conduire un bateau
franchir passer
précieusement avec grand soin
les termes *m, plur* les mots, le contenu
un témoignage *ici:* un signe, une manifestation
intriguer qn exciter vivement la curiosité de qn
une facture un document qui indique ce qu'on doit payer
remettre qc faire qc plus tard
la taxe *ici:* les frais de transport

malaise qu'il ne cherchait point à s'expliquer le dirigea vers le guichet de la poste restante. Il n'y avait point de lettre à son adresse. Il éprouva l'irritation de celui auquel un journal, sans aucun prétexte, a fait le service, et qui en est subitement privé.

Le mois suivant, même silence. M. Lenard devint inquiet. L'envoi de ces lettres anonymes n'avait aucune signification, mais cet arrêt, peut-être, était significatif. Le véritable mari avait-il découvert le pot aux roses? L'écrivain anonyme s'était-il lassé? Suppositions bien invraisemblables. C'était donc lui, le destinataire, qui avait changé. M. Lenard fut soudain frappé de la profondeur de ses conclusions. N'était-ce pas la farce qu'un ami avait continuée tant qu'elle était inoffensive et qu'il interrompait dès qu'elle présentait quelque danger? En un mot, Mme Lenard le trompait-elle?

Il l'observa. Elle n'avait point modifié l'heure de ses allées et venues. Il la gronda sans raison pour voir. Elle n'hésita point à se mettre en colère. Il énuméra, comme par hasard, quelques plats préférés. On lui servit du veau qu'il abhorrait. Tout cela le rassura, et c'est pourquoi, un beau jour, il résolut de la suivre.

Il la suivit jusqu'au Jardin des Plantes.

Et c'est ici que s'arrête l'histoire. M. Lenard, entre l'otarie et les flamants, vit un jeune homme s'approcher de sa femme. Il salua le premier. Elle sourit la première. Et M. Lenard apprit ainsi que les énigmes de notre passé, quand vient le malheur, savent prendre une vérité rétrospective.

un malaise un sentiment d'inquiétude
poste restante postlagernd
l'irritation *f* la colère
sans aucun prétexte sans aucun motif
subitement soudain, tout à coup

le pot aux roses [potoroz] le secret d'une affaire
se lasser se fatiguer, perdre patience
le destinataire celui à qui s'adresse un envoi
frappé,e fortement impressionné
une conclusion *f* la conséquence d'un raisonnement
inoffensif,-ive qui ne fait pas de mal
gronder qn disputer qn
énumérer indiquer successivement
abhorrer qc avoir horreur de qc
résoudre de décider de

le Jardin des Plantes un jardin zoologique, à Paris
une otarie *f* Seelöwe
un flamant Flamingo
une énigme *f* une chose mystérieuse, difficile à comprendre
rétrospectif,-ive nachträglich

André Maurois

Emile Herzog, qui s'est choisi, d'abord le pseudonyme, puis le nom d'André Maurois, est né en 1885, à Elbœuf (Seine-Maritime), dans une famille d'industriels originaires d'Alsace. Après ses études de philosophie, il travaille deux ans dans l'entreprise familiale. Pendant la Première Guerre mondiale, il est officier de liaison auprès de l'armée anglaise. Il trouve, dans son expérience du caractère britannique, le sujet de son premier livre «Les Silences du colonel Bramble» (1918), suivi en 1922 des «Discours du docteur O'Grady».

Encouragé par le succès de ces ouvrages, il abandonne la direction de son usine pour la littérature. Il fait paraître des romans psychologiques, notamment «Bernard Quesnay» (1926) et, surtout, «Climats» (1929), généralement considéré comme son chef-d'œuvre. Il écrit des nouvelles, dont «Naissance d'un maître» que nous présentons ici. Ses nouvelles seront réunies en un seul recueil, «Pour piano seul», publié en 1960.

Ces différents livres révèlent les talents multiples d'un auteur qui sait à la fois évoquer des sentiments et décrire des milieux.

Observateur moraliste de son époque, André Maurois a publié, en plus de ses romans et de ses nouvelles, des essais, des critiques, des biographies consacrées à des écrivains français et anglais et des ouvrages historiques.

Membre de l'Académie française, conférencier international, Maurois n'est marqué par aucun des courants de pensée contemporains, tels que l'existentialisme ou la psychanalyse.

Ses sujets sont traités avec beaucoup de mesure, dans un style léger et harmonieux.

Il meurt à Neuilly, en 1967.

Naissance d'un maître

Le peintre Pierre Douche achevait une nature morte, fleurs dans un pot de pharmacie, aubergines dans une assiette, quand le romancier Paul-Emile Glaise entra dans l'atelier. Glaise observa pendant quelques minutes son ami qui travaillait, puis dit fortement:

– Non.

L'autre, surpris, leva la tête, et s'arrêta de polir une aubergine.

– Non! reprit Glaise. Non! Tu n'arriveras jamais. Tu as du métier, tu as du talent, tu es honnête. Mais ta peinture est plate, mon bonhomme. Ça n'éclate pas, ça ne gueule pas. Dans un salon de cinq mille toiles, rien n'arrête devant les tiennes le promeneur endormi … Non, Pierre Douche, tu n'arriveras jamais. Et c'est dommage.

une nature morte un tableau qui représente des objets (vases, fruits, etc.)

polir qc *fig* an etw. feilen

avoir du métier avoir de l'expérience

éclater *fig* sauter aux yeux

gueuler *fam et fig* attirer l'attention

une toile un tableau

arriver *fig* réussir dans la vie

– Pourquoi? soupira l'honnête Douche. Je fais ce que je vois: j'essaie d'exprimer ce que je sens.

– Il s'agit bien de ça, mon pauvre ami. Tu as une femme, mon bonhomme, une femme et trois enfants. Chacun d'eux a besoin de trois mille calories par jour. Il y a plus de tableaux que d'acheteurs, et plus d'imbéciles que de connaisseurs. Or quel est le moyen, Pierre Douche, d'émerger de la foule des inconnus et des ratés?

– Le travail, dit Pierre Douche, la sincérité.

– Sois sérieux. Le seul moyen, Pierre Douche, de réveiller les imbéciles, c'est de faire des choses énormes. Annonce que tu vas peindre au Pôle Nord. Promène-toi vêtu en roi égyptien. Fonde une école. Mélange dans un chapeau des mots savants: extériorisation, dynamisme, subconscient, non figuratif, et compose des manifestes. Nie le mouvement, ou le repos; le blanc, ou le noir; le cercle, ou le carré. Invente la peinture néo-homérique qui ne connaîtra que le rouge et le jaune, la peinture cylindrique, la peinture octaédrique, la peinture à quatre dimensions …

A ce moment, un parfum étrange et doux annonça l'entrée de Mme Kosnevska. C'était une belle Polonaise dont Pierre Douche admirait les yeux violets. Abonnée à des revues coûteuses qui reproduisaient à grands frais des chefs-d'œuvre d'enfants de trois ans, elle n'y trouvait pas le nom de l'honnête Douche et méprisait sa peinture. S'allongeant sur un divan, elle regarda la toile commencée, secoua ses cheveux blonds, et sourit avec un peu de dépit:

– J'ai été hier, dit-elle de son accent roulant et chantant, voir une exposition d'art nègre de la bonne époque. Ah! la sensibilité, le modelé, la force de ça!

Le peintre apporta, pour le lui montrer, un portrait dont il était content.

– Gentil, dit-elle du bout des lèvres. Puis déçue, roulante, chantante, parfumée, elle disparut.

Pierre Douche jeta sa palette dans un coin et se laissa tomber sur le divan: «Je vais, dit-il, me faire

soupirer seufzen
émerger *fig* s'élever en se distinguant des autres
un(e) raté,e qn qui n'a pas réussi dans la vie
la sincérité le fait de s'exprimer sans cacher ses pensées
l'extériorisation *f* le fait d'exprimer au-dehors des pensées ou des sentiments
le subconscient [sybkõsjɑ̃] Unterbewußtsein
figuratif,-ive ≠ abstrait
composer qc écrire, rédiger qc
un manifeste Manifest, öffentliche Erklärung
nier qc dire que qc n'existe pas
néo-homérique [neoɔmerik] qui reprend le genre du poète grec Homère (néo = nouveau)
étrange bizarre, curieux
un chef-d'œuvre [ʃɛdœvr] Meisterwerk
mépriser qc ≠ respecter qc
un divan un canapé
secouer qc remuer, faire bouger qc
le dépit un vif mécontentement, dû à une déception
le modelé le relief des formes

inspecteur d'assurances, employé de banque, agent de police. La peinture est le dernier des métiers. Le succès, fait par des badauds, ne va qu'à des faiseurs. Au lieu de respecter les maîtres, les critiques encouragent les barbares. J'en ai assez; je renonce.»

Paul-Emile, ayant écouté, alluma une cigarette et réfléchit assez longuement.

– Te sens-tu capable, dit-il enfin, d'annoncer avec un sérieux pontifical à la Kosnevska, et à quelques autres, que tu prépares depuis dix ans un renouvellement de ta manière?

– Moi?

– Ecoute ... Je vais informer nos «élites», en deux articles bien placés, que tu fondes l'école idéo-analytique. Jusqu'à toi, les portraitistes, dans leur ignorance, ont étudié le visage humain. Sottise! Non, ce qui représente vraiment l'homme, ce sont les idées qu'il évoque en nous. Ainsi le portrait d'un colonel, c'est un fond bleu et or que barrent cinq énormes galons, un cheval dans un coin, des croix dans l'autre. Le portrait d'un industriel, c'est une cheminée d'usine, un poing fermé sur une table. Comprends-tu, Pierre Douche, ce que tu apportes au monde, et peux-tu me peindre en un mois vingt portraits idéo-analytiques?

Le peintre sourit tristement.

– En une heure, dit-il, et ce qui est triste, Glaise, c'est que, si j'étais un autre homme, cela pourrait réussir.

– Essayons.

– Je manque de bagout.

– Alors, mon bonhomme, à toute demande d'explication, tu prendras un temps, tu allumeras ta pipe, tu lanceras une bouffée au nez du questionneur, et tu diras ces simples mots: «Avez-vous jamais regardé un fleuve?»

– Et qu'est-ce que cela veut dire?

– Rien, dit Glaise, aussi te trouveront-ils très fort, et quand ils t'auront découvert, expliqué, exalté, nous raconterons l'aventure et jouirons de leur confusion.

les assurances *f, plur* Versicherungswesen

un badaud *ici: péj* un passant curieux

un faiseur *péj* Angeber

renoncer abandonner

pontifical,e à la manière du pape (= le souverain pontife)

une sottise une bêtise

évoquer qc faire apparaître qc à l'esprit

barrer qc *ici:* über etw. laufen

un galon Tresse

le bagout *fam* la capacité de parler facilement

une bouffée de la fumée qui sort de la bouche

exalter qn louer beaucoup, glorifier qn

jouir de tirer un grand plaisir de

la confusion la gêne, l'embarras

Deux mois plus tard, le vernissage de l'Exposition Douche s'achevait en triomphe. Chantante, roulante, parfumée, la belle Mme Kosnevska ne quittait plus son nouveau grand homme.

– Ah! répétait-elle, la sensibilité! le modelé! la force de ça! Et comment, cher, êtes-vous parvenu à ces synthèses étonnantes?

Le peintre prit un temps, ralluma sa pipe, lança une forte bouffée et dit: «Avez-vous jamais, madame, regardé un fleuve?»

Les lèvres de la belle Polonaise, émues, promirent des bonheurs roulants et chantants.

En pardessus à col de lapin, le jeune et brillant Strunski discutait au milieu d'un groupe: «Très fort! disait-il. Très fort! Mais, dites-moi, Douche, la révélation? D'où vous vint-elle? De mes articles?»

Pierre Douche prit un temps considérable, lui souffla au nez une bouffée triomphante et dit: «Avez-vous jamais, mon cher, regardé un fleuve?»

– Admirable! approuva l'autre; admirable!

A ce moment, un célèbre marchand de tableaux, ayant achevé le tour de l'atelier, prit le peintre par la manche et l'entraîna dans un coin.

– Douche, mon ami, dit-il, vous êtes un malin. On peut faire un lancement de ceci. Réservez-moi votre production. Ne changez pas de manière avant que je ne vous le dise, et je vous achète cinquante tableaux par an … Ça va?

Douche, énigmatique, fuma sans répondre.

Lentement, l'atelier se vida. Paul-Emile Glaise alla fermer la porte derrière le dernier visiteur. On entendit dans l'escalier un murmure admiratif qui s'éloignait.

Puis, resté seul avec le peintre, le romancier mit joyeusement les mains dans ses poches.

– Eh bien! mon bonhomme, dit-il, crois-tu que nous les avons eus? As-tu entendu le petit au col de lapin? Et la belle Polonaise? Et les trois jolies jeunes filles qui répétaient: «Si neuf! Si neuf!» Ah! Pierre

parvenir à arriver à

ému,e touché par une émotion (= un sentiment très vif)

un pardessus un manteau pour homme

un col Kragen

une révélation une inspiration soudaine

approuver qn appuyer qn dont on partage l'avis

une manche la partie du vêtement qui couvre le bras

un malin, une maligne/maline qn qui sait facilement se tirer d'affaire

le lancement de qc l'action de faire connaître qc

énigmatique rätselhaft

Douche, je croyais la bêtise humaine insondable, mais ceci passe mes espérances.

Il fut pris d'une crise de rire inextinguible. Le peintre fronça le sourcil et, comme des hoquets convulsifs secouaient l'autre, dit brusquement:

– Imbécile!

– Imbécile? cria le romancier furieux. Quand je viens de réussir la plus belle charge que depuis Bixiou …

Le peintre parcourut des yeux avec orgueil les vingt portraits analytiques et dit avec la force que donne la certitude:

– Oui, Glaise, tu *es* un imbécile. Il y a quelque chose dans cette peinture …

Le romancier contempla son ami avec stupeur.

– Celle-là est forte! hurla-t-il. Douche, souviens-toi. Qui t'a suggéré cette manière nouvelle?

Alors Pierre Douche prit un temps, et, tirant de sa pipe une énorme bouffée:

– As-tu jamais, dit-il, regardé un fleuve?

insondable unergründlich
passer qc *litt* dépasser qc
inextinguible [inɛkstɛ̃gibl] qu'on ne peut pas arrêter
les sourcils [sursi] *m* Augenbrauen
froncer le(s) sourcil(s) die Stirn runzeln
le hoquet [ləɔkɛ] Schluckauf
convulsif,-ive nerveux
furieux,-euse en colère
une charge *ici:* un coup *fam*
l'orgueil [lɔrgœj] *m* une grande fierté
contempler qn regarder qn avec attention
la stupeur un profond étonnement

Jacques Prévert

Prévert naît en 1900, à Neuilly-sur-Seine, dans un milieu familial très modeste. Dès l'âge de 15 ans, il est amené à gagner sa vie en exerçant les métiers les plus divers.

Au cours de son service militaire, il fait la connaissance du peintre dadaïste Yves Tanguy. Peu après, il se lie d'amitié avec André Breton et d'autres artistes surréalistes, fréquente Louis Aragon, Raymond Queneau et, dans les années qui suivent, participe activement à la vie culturelle de la capitale. Il écrit des poèmes, des chansons et, surtout, rédige des scénarios pour les réalisateurs français les plus connus: Jean Renoir, André Cayatte et Marcel Carné.

En 1945, il tourne, avec ce dernier, l'un des plus grands chefs-d'œuvre du septième art: «Les Enfants du paradis». Cette même année le voit atteindre l'apogée de sa popularité avec la parution d'un recueil de poèmes: «Paroles». Un an plus tard, il en publie deux autres: «Spectacle» et «Histoires», dont est extrait «Le Dromadaire mécontent».

En 1953, il fait paraître «La Pluie et le Beau Temps», puis «Fatras» en 1966 et, enfin, «Choses et autres» en 1972.

Jacques Prévert meurt en 1977, atteint d'un cancer.

Le Dromadaire mécontent

Un jour, il y avait un jeune dromadaire qui n'était pas content du tout.

La veille, il avait dit à ses amis: «Demain, je sors avec mon père et ma mère, nous allons entendre une conférence, voilà comme je suis, moi!»

Et les autres avaient dit: «Oh, oh, il va entendre une conférence, c'est merveilleux», et lui n'avait pas dormi de la nuit tellement il était impatient et voilà qu'il n'était pas content parce que la conférence n'était pas du tout ce qu'il avait imaginé: il n'y avait pas de musique et il était déçu, il s'ennuyait beaucoup, il avait envie de pleurer.

Depuis une heure trois quarts un gros monsieur parlait. Devant le gros monsieur, il y avait un pot à eau et un verre à dents sans la brosse et de temps en temps, le monsieur versait de l'eau dans le verre, mais il ne se lavait jamais les dents et, visiblement irrité, il parlait d'autre chose, c'est-à-dire des dromadaires et des chameaux.

Le jeune dromadaire souffrait de la chaleur, et puis sa bosse le gênait beaucoup; elle frottait contre le dossier du fauteuil; il était très mal assis, il remuait.

Alors sa mère lui disait: «Tiens-toi tranquille, laisse parler le monsieur», et elle lui pinçait la bosse. Le jeune dromadaire avait de plus en plus envie de pleurer, de s'en aller …

Toutes les cinq minutes, le conférencier répétait: «Il ne faut surtout pas confondre les dromadaires avec les chameaux, j'attire, mesdames, messieurs et chers dromadaires, votre attention sur ce fait: le chameau a deux bosses, mais le dromadaire n'en a qu'une!»

Tous les gens de la salle disaient: «Oh, oh, très intéressant», et les chameaux, les dromadaires, les hommes, les femmes et les enfants prenaient des notes sur leur petit calepin.

une conférence *ici:* Vortrag

verser qc dans mettre qc dans

irrité,e en colère

un chameau Kamel; *fig* Schuft

une bosse Höcker

frotter contre qc *ici:* gegen etw. scheuern

le dossier la partie où on appuie le dos

pincer qc serrer qc très fort avec les doigts

confondre qc avec prendre qc pour

un calepin un carnet, un petit cahier

Et puis le conférencier recommençait: «Ce qui différencie les deux animaux, c'est que le dromadaire n'a qu'une bosse, tandis que, chose étrange et utile à savoir, le chameau en a deux ...»

A la fin, le jeune dromadaire en eut assez et se précipitant sur l'estrade, il mordit le conférencier:

«Chameau!» dit le conférencier furieux.

Et tout le monde dans la salle criait: «Chameau, sale chameau, sale chameau!»

Pourtant c'était un dromadaire, et il était très propre.

étrange bizarre, curieux

une estrade un endroit surélevé

mordre prendre et serrer avec les dents

Vercors (Jean Bruller)

Jean Bruller est né à Paris, en 1902. Il abandonne sa carrière d'ingénieur pour le dessin et la peinture, publiant des albums satiriques et illustrant des ouvrages.

Après la parution de divers essais de 1927 à 1929, il entre, pendant la Seconde Guerre mondiale, dans la Résistance sous le pseudonyme de Vercors. Fondateur des Editions de Minuit clandestines, Vercors publie, en 1943, une nouvelle, «Le Silence de la mer», qu'il avait écrite en 1941. En 1943, toujours, il fait paraître, également clandestinement, «Ce jour-là» et «La Marche à l'étoile». En 1945, enfin, c'est la parution de «L'Imprimerie de Verdun». Ces quatre nouvelles seront bientôt réunies en un recueil intitulé «Le Silence de la mer».

Œuvre de circonstance, ce recueil a cependant survécu à son temps: traduit en vingt-cinq langues, tiré à plus d'un million d'exemplaires dans les éditions françaises, cet ouvrage, qui raconte des épisodes de l'Occupation, connaît une célébrité mondiale. En 1949, la nouvelle «Le Silence de la mer» est adaptée pour le cinéma.

Après la Libération, Vercors continue à écrire des ouvrages engagés et humanistes, parmi lesquels «Les Armes de la nuit» (1946) et «Plus ou moins homme» (1950). Avec moins de succès, il se tourne vers d'autres genres: le théâtre, le conte merveilleux et l'histoire.

Ce jour-là

Le petit garçon mit sa petite main dans celle de son père sans s'étonner. Pourtant il y avait longtemps, pensait-il. On sortit du jardin. Maman avait mis un pot de géranium à la fenêtre de la cuisine, comme chaque fois que papa sortait. C'était un peu drôle.

Il faisait beau, – il y avait des nuages, mais informes et tout effilochés, on n'avait pas envie de les regarder. Alors le petit garçon regardait le bout de ses petits souliers qui chassaient devant eux les graviers de la route. Papa ne disait rien. D'habitude il se fâchait quand il entendait ce bruit-là. Il disait: «Lève tes pieds!» et le petit garçon levait les pieds, un moment, et puis sournoisement il recommençait petit à petit à les traîner, un peu exprès, il ne savait pas pourquoi. Mais cette fois papa ne dit rien, et le petit garçon cessa de traîner ses semelles. Il continuait de regarder par terre: ça l'inquiétait que papa ne dît rien.

La route s'engageait sous les arbres. La plupart étaient encore sans feuilles. Quelques-uns verdoyaient un peu, des petites feuilles d'un vert très propre et très clair. On se demandait même si elles n'étaient pas un peu sucrées. Plus loin la route tournait, on verrait la Grande Vue, sur le Grésivaudan, le grand rocher qui tombe à pic, et là-dessous tout en bas les tout petits arbres, les toutes petites maisons, les routes comme des égratignures, l'Isère qui serpente sous une brume légère, légère. On s'arrêterait et on regarderait. Papa dirait: «Regarde le petit train», ou bien: «Tu vois la petite tache noire, là, qui bouge sur la route? C'est une auto. Il y a des gens dedans. Quatre personnes, une dame avec un petit chien, et un monsieur avec une grande barbe.» Le petit garçon dirait: «Comment que tu les vois?» – «Je me suis fait greffer une petite lunette dans l'œil

effiloché,e aux contours peu précis
le gravier Kies
se fâcher se mettre en colère
sournoisement ≠ franchement, ouvertement
exprès [ɛksprɛ] intentionnellement
cesser arrêter
une semelle une pièce de cuir, sous la chaussure
s'engager commencer à entrer
verdoyer devenir vert
à pic verticalement, de façon abrupte
une égratignure une blessure superficielle
serpenter ≠ aller tout droit
la brume un brouillard léger
une tache Fleck
greffer insérer

gauche, tu sais bien, dirait papa. Regarde, dirait-il en écarquillant son œil, tu ne la vois pas?» Et lui, comme il n'est pas très sûr que ce soit vrai ou pas vrai: «Ben ... pas très bien ...» Peut-être qu'à ce moment-là papa rirait et le prendrait sur ses épaules, une jambe de chaque côté.

écarquiller ouvrir très grand

Mais papa regarda distraitement la Grande Vue et ne s'arrêta même pas. Il tenait la petite main de son petit garçon bien serrée dans la sienne. De sorte que quand un peu plus loin on passa près de l'endroit où le bord du fossé monte et descend, le petit garçon ne put pas lâcher son père pour grimper la petite pente en disant: «Regarde, papa, je grandis ... je grandis ... je grandis ... Regarde, je suis plus grand que toi ... et maintenant je rapetisse ... je rapetisse ... je rapetisse ...» Ça l'ennuya un peu, parce qu'il était très attaché aux rites. Ça faisait une promenade qui ne ressemblait pas tout à fait aux autres.

distraitement sans faire attention

un fossé Graben

la pente Abhang

rapetisser devenir plus petit

être attaché,e à qc tenir à qc

un rite une habitude

Un peu plus loin il y avait le rocher de pierre carrée. On s'y asseyait d'habitude. Il se demanda si cette fois-ci on s'assiérait. Le rocher de pierre carrée s'approchait et le petit garçon se demandait si on s'assiérait. Il avait un peu peur qu'on ne s'assît pas. Un petit peu peur, vraiment, de la vraie peur. Il tira doucement sur la main de son père quand ils furent tout près.

Heureusement papa se laissa tirer et ils s'assirent. Ils ne dirent rien, mais souvent, assis sur cette pierre, papa ne disait rien. Quelquefois seulement (quand il faisait très chaud): «Ouf! ça fait du bien.» Aujourd'hui il ne faisait pas très chaud. La seule chose pas naturelle c'était que papa ne quittait toujours pas la petite main. D'habitude, ici, papa la lâchait, sa main, et le petit garçon, qui n'aimait pas rester assis bien longtemps, grimpait sous les arbres et cherchait des pommes de pin. Quelquefois des fraises, mais il n'y avait pas souvent des fraises.

une pomme de pin Tannenzapfen

Ils restaient assis et le petit garçon ne bougeait pas du tout. Il faisait même attention à ne pas balancer les jambes. Pourquoi? Savait pas, c'était parce que

balancer les jambes lancer l'une, puis l'autre, en avant

papa lui tenait la main comme ça. Il ne pouvait même pas – il ne voulait même pas penser aux pommes de pin, aux fraises. D'ailleurs, il n'y avait sûrement pas de fraises et puis, les pommes de pin, ce n'est pas tellement amusant.

Mais, de ne pas bouger, il eut de nouveau un peu peur. Oh! pas beaucoup, un peu seulement, un tout petit peu, comme quand on est couché et qu'on entend craquer des choses dans le noir, mais qu'on entend aussi papa et maman qui parlent dans leur chambre. Il était content que papa lui tînt la main, parce qu'ainsi on a moins peur, mais comme il avait peur justement parce que papa lui tenait la main … alors le petit garçon, pour la première fois pendant une de ces promenades, aurait bien voulu revenir à la maison.

Comme si son père l'avait entendu il se leva, le petit garçon se leva, se demandant si l'on rentrerait ou si l'on irait comme les autres fois jusqu'au petit pont, sur la Grisonne. Il ne savait pas très bien ce qu'il préférait. On partit vers le petit pont, alors, tant mieux.

Sur le pont ils regardèrent le torrent (papa disait le ru) filer en gargouillant entre les pierres qui ressemblent à de grosses dragées. Un jour papa lui avait rapporté un petit sac rempli de toutes petites pierres comme ça et c'étaient des bonbons. Il y avait très longtemps, c'était même avant Noël, il ne se rappelait même plus bien. En tout cas depuis ce temps-là il n'avait jamais eu de bonbons, et il aimait énormément regarder les pierres du torrent, on aurait dit que ça lui faisait plaisir aux yeux comme les bonbons à la langue.

Papa dit:

– Depuis le temps que cette eau coule …

Le petit garçon trouva ça drôle. Bien sûr qu'elle coulait depuis longtemps. Elle coulait déjà la première fois qu'ils étaient venus. D'ailleurs on n'aurait pas fait un pont s'il n'y avait pas eu d'eau.

– Et quand ton petit garçon à toi, dit papa, aura une

d'ailleurs übrigens

craquer faire un bruit rapide et court

tant mieux um so besser

un torrent un cours d'eau étroit et rapide

un ru *vx ou rég* un petit ruisseau

gargouiller plätschern

grande barbe blanche, elle coulera encore. Elle ne s'arrêtera jamais de couler, dit papa en regardant l'eau. C'est une pensée reposante, dit encore papa, mais, ça se voyait, ce n'était pas pour son petit garçon, c'était pour lui-même.

Ils restèrent très, très longtemps à regarder l'eau, et puis enfin on s'en retourna. On prit le chemin du hérisson, le petit garçon l'appelait comme ça depuis qu'ils y avaient trouvé un hérisson. Ça grimpait un peu. On passait devant la fontaine de bois, celle où, dans une auge faite d'une bille de chêne creusée, tombe le filet d'une eau si limpide, au chant d'un cristal si pur, qu'elle donne soif rien qu'à la regarder. Mais il ne faisait pas très chaud.

Tout en haut le sentier tournait un peu, et redescendait de l'autre côté de la colline. De tout en haut on verrait la maison. On la voyait très bien. Ce qu'on voyait le mieux c'était la fenêtre de la cuisine, avec le pot de géranium tout vert et orange dans le soleil, et maman était derrière mais on ne la voyait pas.

Mais papa devait être fatigué, parce qu'avant d'arriver en haut, il s'assit. D'ordinaire on ne s'asseyait jamais sur ce tronc d'arbre. Il s'assit et attira son petit garçon entre ses genoux. Il dit: «Tu n'es pas fatigué?» – «Non», dit le petit garçon. Papa souriait, mais c'était d'un seul côté de la bouche. Il lui caressait les cheveux, la joue. Il respira très fort et dit: «Il faut être très, très sage avec ta maman», et le petit garçon fit oui de la tête, mais il ne trouva rien à dire. «Un bon petit garçon», dit encore papa, et il se leva. Il prit son petit garçon sous les aisselles et il le souleva jusqu'à son visage et l'embrassa deux fois sur les deux joues, et il le remit par terre et dit d'une voix ferme: «Allons.» Ils se remirent en route. Ils arrivèrent en haut et on vit le mur du jardin, les deux mélèzes, la maison, la fenêtre de la cuisine.

Le pot de géranium … il n'y était plus.

Le petit garçon vit tout de suite que le pot de géranium n'était plus à la fenêtre de la cuisine. Papa aussi, sûrement. Parce qu'il s'arrêta en serrant la petite

un hérisson [ɛ̃erisɔ̃] Igel
une auge une sorte de récipient où on donne à manger aux animaux
une bille (de bois) Holzklotz
un chêne Eiche
un filet *ici:* un écoulement fin et continu
limpide transparent, très clair
un sentier un chemin étroit
d'ordinaire d'habitude
caresser qc toucher doucement qc
sage calme et obéissant
l'aisselle *f* le dessous du bras
un mélèze Lärche

main dans la sienne, plus fort que jamais, et il dit: «Ça y est, je m'en doutais.»

Il restait immobile, à regarder, regarder, en répétant: «Bons dieux, comment ai-je pu … puisque je le savais, puisque je le savais …»

Le petit garçon aurait bien voulu demander quoi, mais il ne pouvait pas parce que papa lui serrait la main si fort. Et il commença d'avoir mal au cœur, comme le jour où il avait mangé trop de purée de marrons.

Alors papa dit: «Viens», et au lieu de descendre ils retournèrent sur leurs pas, en marchant très vite. «Où est-ce qu'on va, papa? Où est-ce qu'on va?» disait le petit garçon, et il avait mal au cœur comme le jour de la purée de marrons.

– «Chez madame Bufferand», dit papa. Il avait une drôle de voix, une voix comme celle du facteur le jour où une auto l'avait poussé et qu'il était tombé de bicyclette. «Elle est très gentille, dit papa, tu la connais, tu coucheras chez elle.»

Le petit garçon aurait bien voulu demander pourquoi, mais papa lui serrait la main trop fort, il n'arrivait pas à le demander. Était-ce à cause de ça, il avait de plus en plus mal au cœur. Tellement qu'il aurait voulu se coucher par terre, comme le jour de la purée de marrons, mais papa lui serrait la main tellement fort, et pourtant on allait trop vite, et maintenant il avait mal au cœur pas seulement au cœur, mais mal au cœur partout, au ventre, dans les jambes, si ce n'était pas bête de dire qu'on a mal au cœur dans les jambes.

Quand madame Bufferand, qui était très vieille et toute ridée, les vit tous les deux, elle croisa ses mains sur la poitrine et dit: «Mon Dieu! …»

Papa dit: «Oui, voilà», et ils entrèrent. Et alors quand ils furent dans le petit salon qui sentait la cannelle le petit garçon ne résista plus et il se coucha sur le tapis.

Il n'entendit plus très bien ce qu'on disait. Il faisait trop noir pour pouvoir écouter. Madame Bufferand

se douter de qc s'attendre à qc

avoir mal au cœur avoir une sensation de dégoût

ridé,e qui a de petits plis de la peau dûs à l'âge

la cannelle Zimt
résister lutter

parlait, parlait, d'une petite voix cassée, il l'entendait comme dans un rêve.

Papa souleva le petit garçon et le porta sur un lit. Il lui caressa les cheveux, longtemps, et il l'embrassa très fort et longtemps, plus fort et plus longtemps que le soir d'habitude. Et puis madame Bufferand lui donna une valise, et il embrassa madame Bufferand, et il sortit. Et madame Bufferand vint s'occuper du petit garçon, elle lui mit un mouchoir mouillé sur la tête, elle lui prépara de la camomille. Il vit bien qu'elle pleurait, elle essuyait ses larmes au fur et à mesure, mais ça se voyait quand même.

Le lendemain, il était en train de jouer avec les cubes, il entendit madame Bufferand qui parlait dans la salle à manger. Les cubes devaient représenter le portrait d'un monsieur avec une collerette et un chapeau à plume. Il manquait encore l'œil et le chapeau. Le petit garçon se leva et mit son oreille contre le trou de la serrure, qui était juste à sa hauteur en se hissant sur la pointe des pieds. Il n'entendait pas très bien parce que les dames ne parlaient pas tout haut, elles chuchotaient. Madame Bufferand parlait de la gare. Oui, disait-elle, oui, lui aussi: il cherchait à apercevoir sa femme dans un compartiment, ils l'ont reconnu. Grands dieux, dit l'autre dame, il n'avait donc pas pu s'empêcher … Non, dit madame Bufferand, il n'a pas pu, qui donc aurait pu? Il disait tout le temps «c'est ma faute, c'est ma faute!» Et puis on parla de lui, le petit garçon. Heureusement, disait la dame, heureusement que madame Bufferand était là. Madame Bufferand répondit des mots, mais quelque chose mouillait son chuchotement et on ne pouvait pas comprendre.

Le petit garçon retourna vers son jeu de cubes. Il s'assit par terre et chercha celui avec un œil. Il pleurait silencieusement, les larmes coulaient et il ne pouvait pas les retenir. Il trouva le cube avec l'œil et le mit à sa place. Le chapeau c'était plus facile. Il reniflait en essayant de ne pas faire de bruit, une des

la camomille [kamɔmij] Kamille
essuyer qc sécher qc
une larme eine Träne
au fur et à mesure en même temps
un cube un corps à six faces carrées égales

une collerette la partie du vêtement, en tissu très fin, qui entoure le cou
une plume ce qui couvre le corps des oiseaux
une serrure la partie de la porte où on met la clé
se hisser se hausser
chuchoter parler à voix basse

renifler aspirer bruyamment par le nez

larmes coula au coin de la bouche, il la cueillit d'un coup de langue, elle était salée. La plume, c'était le plus ennuyeux, on ne savait jamais si elle était à l'endroit ou à l'envers. Une larme, tombée sur la plume, glissa, hésita, y resta suspendue comme une goutte de rosée.

la rosée les petites gouttes d'eau, dans l'herbe, le matin

Jean-Paul Sartre

Jean-Paul Sartre voit le jour à Paris, en 1905, dans une famille de la grande bourgeoisie. Ayant perdu son père à l'âge de deux ans, il connaît une enfance protégée des influences extérieures par sa mère et ses grands-parents.

Il fait ses études à Paris, à l'Ecole Normale supérieure, et est reçu premier à l'agrégation de philosophie en 1929. Après avoir travaillé comme professeur en France, il passe un an à Berlin (1933–1934) pour étudier, à l'Institut français, la philosophie allemande.

Prisonnier en 1940 et libéré au bout d'un an, Sartre rentre à Paris et enseigne la philosophie. Il abandonne bientôt le professorat pour se consacrer entièrement à sa carrière d'écrivain. Il développe sa théorie, «l'existentialisme», tant dans des publications philosophiques que dans des critiques littéraires, des nouvelles, des romans et des pièces de théâtre. C'est surtout à ces trois derniers genres que Sartre doit sa célébrité.

Son premier roman «La Nausée» (1938), soulève le problème clé de l'existence. Celle-ci n'ayant, a priori, pas de sens, il s'agit, selon l'auteur, que chacun de nous s'efforce, individuellement, de lui en donner un.

En 1939, Jean-Paul Sartre publie le recueil de nouvelles «Le Mur». A partir de ce moment-là, l'œuvre de Sartre reflète l'évolution de sa pensée et des questions politiques de son temps. Ainsi, il traite le problème essentiel de la résistance face à l'occupant («Les Mouches», 1943) et le choix de la fin et des moyens dans l'engagement politique («Les Mains sales», 1948).

Après sa querelle avec Albert Camus en 1951–1952, Sartre se rapproche du parti communiste jusqu'en 1956. La séparation intervient à la suite de l'attaque de Budapest par les troupes soviétiques.

Après 1960, Sartre soutient les actions de l'extrême-gauche. En 1963 paraissent «Les Mots» que beaucoup considèrent comme son chef-d'œuvre. L'année d'après, Sartre refuse le prix Nobel de littérature.

A partir de 1973, la perte progressive de la vision l'oblige à renoncer, en grande partie, à son travail d'écrivain et de critique littéraire.

Il meurt à Paris, en avril 1980.

Le Mur

On nous poussa dans une grande salle blanche, et mes yeux se mirent à cligner parce que la lumière leur faisait mal. Ensuite, je vis une table et quatre types derrière la table, des civils, qui regardaient des papiers. On avait massé les autres prisonniers dans le fond et il nous fallut traverser toute la pièce pour les rejoindre. Il y en avait plusieurs que je connaissais et d'autres qui devaient être étrangers. Les deux qui étaient devant moi étaient blonds avec des crânes ronds, ils se ressemblaient: des Français, j'imagine. Le plus petit remontait tout le temps son pantalon: c'était nerveux.

Ça dura près de trois heures; j'étais abruti et j'avais la tête vide, mais la pièce était bien chauffée et je trouvais ça plutôt agréable: depuis vingt-quatre heures, nous n'avions pas cessé de grelotter. Les gardiens amenaient les prisonniers l'un après l'autre devant la table. Les quatre types leur demandaient alors leur nom et leur profession. La plupart du temps ils n'allaient pas plus loin – ou bien alors ils posaient une question par-ci par-là: «As-tu pris part au sabotage des munitions?» Ou bien: «Où étais-tu le matin du 9 et que faisais-tu?» Ils n'écoutaient pas les réponses ou du moins ils n'en avaient pas l'air: ils se taisaient un moment et regardaient droit devant eux puis ils se mettaient à écrire. Ils demandèrent à Tom si c'était vrai qu'il servait dans la Brigade internationale: Tom ne pouvait pas dire le contraire à cause des papiers qu'on avait trouvés dans sa veste. A Juan ils ne demandèrent rien, mais, après qu'il eut dit son nom, ils écrivirent longtemps.

– C'est mon frère José qui est anarchiste, dit Juan. Vous savez bien qu'il n'est plus ici. Moi je ne suis d'aucun parti, je n'ai jamais fait de politique.

Ils ne répondirent pas. Juan dit encore:

cligner se fermer à demi

masser *ici:* réunir

rejoindre qn aller retrouver qn

abruti,e incapable de comprendre et de sentir

cesser arrêter

grelotter trembler de froid

– Je n'ai rien fait. Je ne veux pas payer pour les autres.

Ses lèvres tremblaient. Un gardien le fit taire et l'emmena. C'était mon tour:

– Vous vous appelez Pablo Ibbieta?

Je dis que oui.

Le type regarda ses papiers et me dit:

– Où est Ramon Gris?

– Je ne sais pas.

– Vous l'avez caché dans votre maison du 6 au 19.

– Non.

Ils écrivirent un moment et les gardiens me firent sortir. Dans le couloir Tom et Juan attendaient entre deux gardiens. Nous nous mîmes en marche. Tom demanda à un des gardiens:

– Et alors?

– Quoi? dit le gardien.

– C'est un interrogatoire ou un jugement?

– C'était le jugement, dit le gardien.

– Eh bien? Qu'est-ce qu'ils vont faire de nous?

Le gardien répondit sèchement:

– On vous communiquera la sentence dans vos cellules.

En fait, ce qui nous servait de cellule, c'était une des caves de l'hôpital. Il y faisait terriblement froid à cause des courants d'air. Toute la nuit nous avions grelotté et pendant la journée ça n'avait guère mieux été. Les cinq jours précédents je les avais passés dans un cachot de l'archevêché, une espèce d'oubliette qui devait dater du Moyen Age: comme il y avait beaucoup de prisonniers et peu de place, on les casait n'importe où. Je ne regrettais pas mon cachot: je n'y avais pas souffert du froid mais j'y étais seul; à la longue c'est irritant. Dans la cave j'avais de la compagnie. Juan ne parlait guère: il avait peur et puis il était trop jeune pour avoir son mot à dire. Mais Tom était beau parleur et il savait très bien l'espagnol.

Dans la cave il y avait un banc et quatre paillasses. Quand ils nous eurent ramenés, nous nous assîmes

un interrogatoire un ensemble de questions
un jugement Urteil
sèchement de façon froide et brève

une sentence Urteilsspruch
une cellule une petite pièce où on enferme un prisonnier

un courant d'air Luftzug

précédent,e qui vient juste avant
un cachot une cellule étroite et sombre
un archevêché Erzbistum
une oubliette Verlies
caser *fam* mettre
à la longue avec le temps
irritant,e qui provoque la colère

une paillasse Strohsack

et nous attendîmes en silence. Tom dit, au bout d'un moment:

– Nous sommes foutus.

– Je le pense aussi, dis-je, mais je crois qu'ils ne feront rien au petit.

– Ils n'ont rien à lui reprocher, dit Tom. C'est le frère d'un militant, voilà tout.

Je regardai Juan: il n'avait pas l'air d'entendre. Tom reprit:

– Tu sais ce qu'ils font à Saragosse? Ils couchent les types sur la route et ils leur passent dessus avec des camions. C'est un Marocain déserteur qui nous l'a dit. Ils disent que c'est pour économiser les munitions.

– Ça n'économise pas l'essence, dis-je.

J'étais irrité contre Tom: il n'aurait pas dû dire ça.

– Il y a des officiers qui se promènent sur la route, poursuivit-il, et qui surveillent ça, les mains dans les poches, en fumant des cigarettes. Tu crois qu'ils achèveraient les types? Je t'en fous. Ils les laissent gueuler. Des fois pendant une heure. Le Marocain disait que, la première fois, il a manqué dégueuler.

– Je ne crois pas qu'ils fassent ça ici, dis-je. A moins qu'ils ne manquent vraiment de munitions.

Le jour entrait par quatre soupiraux et par une ouverture ronde qu'on avait pratiquée au plafond, sur la gauche, et qui donnait sur le ciel. C'est par ce trou rond ordinairement fermé par une trappe, qu'on déchargeait le charbon dans la cave. Juste au-dessous du trou il y avait un gros tas de poussier; il avait été destiné à chauffer l'hôpital, mais, dès le début de la guerre, on avait évacué les malades et le charbon restait là, inutilisé; il pleuvait même dessus, à l'occasion, parce qu'on avait oublié de baisser la trappe.

Tom se mit à grelotter:

– Sacré nom de Dieu, je grelotte, dit-il, voilà que ça recommence.

Il se leva et se mit à faire de la gymnastique. A chaque mouvement sa chemise s'ouvrait sur sa poitrine blanche et velue. Il s'étendit sur le dos, leva les

foutu,e *pop* perdu

achever qn jdm. den Garaus machen

je t'en fous! *pop* tu parles!

gueuler *pop* crier

manquer faire qc être sur le point de faire qc

dégueuler *pop* rendre par la bouche ce qu'on a mangé

un soupirail Kellerfenster

pratiquer qc *ici:* faire qc

une trappe Klappe, Klapptür

le poussier la poussière de charbon

être destiné,e à être fait pour

Sacré nom de Dieu! *pop* un juron (Fluch)

velu,e couvert de poils

jambes en l'air et fit les ciseaux: je voyais trembler sa grosse croupe. Tom était costaud mais il avait trop de graisse. Je pensais que des balles de fusil ou des pointes de baïonnettes allaient bientôt s'enfoncer dans cette masse de chair tendre comme dans une motte de beurre. Ça ne me faisait pas le même effet que s'il avait été maigre.

Je n'avais pas exactement froid, mais je ne sentais plus mes épaules ni mes bras. De temps en temps, j'avais l'impression qu'il me manquait quelque chose et je commençais à chercher ma veste autour de moi, et puis je me rappelais brusquement qu'ils ne m'avaient pas donné de veste. C'était plutôt pénible. Ils avaient pris nos vêtements pour les donner à leurs soldats et ils ne nous avaient laissé que nos chemises, et ces pantalons de toile que les malades hospitalisés portaient au gros de l'été. Au bout d'un moment, Tom se releva et s'assit près de moi en soufflant.

– Tu es réchauffé?

– Sacré nom de Dieu, non. Mais je suis essoufflé.

Vers huit heures du soir, un commandant entra avec deux phalangistes. Il avait une feuille de papier à la main. Il demanda au gardien:

– Comment s'appellent-ils, ces trois-là?

– Steinbock, Ibbieta et Mirbal, dit le gardien.

Le commandant mit ses lorgnons et regarda sa liste:

– Steinbock ... Steinbock ... Voilà. Vous êtes condamné à mort. Vous serez fusillé demain matin.

Il regarda encore:

– Les deux autres aussi, dit-il.

– C'est pas possible, dit Juan. Pas moi.

Le commandant le regarda d'un air étonné:

– Comment vous appelez-vous?

– Juan Mirbal, dit-il.

– Eh bien, votre nom est là, dit le commandant, vous êtes condamné.

– Je n'ai rien fait, dit Juan.

Le commandant haussa les épaules et se tourna vers Tom et vers moi.

faire les ciseaux *m, plur* croiser et décroiser les jambes comme on ouvre et ferme des ciseaux
la croupe le derrière *fam*
costaud,e *fam* fort, robuste
la graisse Fett
une balle de fusil [fyzi] *m* Gewehrkugel
s'enfoncer dans qc pénétrer profondément dans qc
la chair Fleisch
tendre ≠ dur
une motte de beurre Butterklumpen
un effet *ici:* une impression
la toile Leinen
hospitalisé,e qui est à l'hôpital
au gros de *ici:* au moment le plus chaud de
essoufflé,e qui respire avec difficulté, après un effort
un phalangiste un membre de la phalange espagnole (organisation fasciste)
des lorgnons *m, plur* des lunettes sans branches
condamné,e à mort zum Tode verurteilt
fusiller qn [fyzije] exécuter qn au fusil

– Vous êtes Basques?
– Personne n'est Basque.
Il eut l'air agacé.
– On m'a dit qu'il y avait trois Basques. Je ne vais pas perdre mon temps à leur courir après. Alors naturellement vous ne voulez pas de prêtre?
Nous ne répondîmes même pas. Il dit:
– Un médecin belge viendra tout à l'heure. Il a l'autorisation de passer la nuit avec vous.
Il fit le salut militaire et sortit.
– Qu'est-ce que je te disais, dit Tom. On est bons.
– Oui, dis-je, c'est vache pour le petit.
Je disais ça pour être juste mais je n'aimais pas le petit. Il avait un visage trop fin et la peur, la souffrance l'avaient défiguré, elles avaient tordu tous ses traits. Trois jours auparavant, c'était un môme dans le genre mièvre, ça peut plaire; mais maintenant il avait l'air d'une vieille tapette, et je pensais qu'il ne redeviendrait plus jamais jeune, même si on le relâchait. Ça n'aurait pas été mauvais d'avoir un peu de pitié à lui offrir, mais la pitié me dégoûte, il me faisait plutôt horreur.
Il n'avait plus rien dit mais il était devenu gris: son visage et ses mains étaient gris. Il se rassit et regarda le sol avec des yeux ronds. Tom était une bonne âme, il voulut lui prendre le bras, mais le petit se dégagea violemment en faisant une grimace.
– Laisse-le, dis-je à voix basse, tu vois bien qu'il va se mettre à chialer.
Tom obéit à regret; il aurait aimé consoler le petit; ça l'aurait occupé et il n'aurait pas été tenté de penser à lui-même. Mais ça m'agaçait: je n'avais jamais pensé à la mort parce que l'occasion ne s'en était pas présentée, mais maintenant l'occasion était là et il n'y avait pas autre chose à faire que de penser à ça.
Tom se mit à parler:
– Tu as bousillé des types, toi? me demanda-t-il.
Je ne répondis pas. Il commença à m'expliquer qu'il en avait bousillé six depuis le début du mois

agacé,e énervé, irrité

bon,-onne *fam* perdu
vache *pop* dur, sévère

défigurer qn changer complètement l'expression du visage de qn
tordre qc déformer qc
un trait *ici:* Gesichtszug
un(e) môme *fam* un(e) enfant
mièvre gentil, mais fade
une tapette *pop* un homosexuel
relâcher qn libérer qn
dégoûter qn jdn. anwidern

une bonne âme *fig* un brave homme
se dégager se libérer

chialer *pop* pleurer
à regret contre son désir
consoler qn apaiser le chagrin de qn
être tenté,e de avoir envie de

bousiller qn *pop* tuer qn

d'août; il ne se rendait pas compte de la situation, et je voyais bien qu'il ne *voulait* pas s'en rendre compte. Moi-même je ne réalisais pas encore tout à fait, je me demandais si on souffrait beaucoup, je pensais aux balles, j'imaginais leur grêle brûlante à travers mon corps. Tout ça c'était en dehors de la véritable question; mais j'étais tranquille: nous avions toute la nuit pour comprendre. Au bout d'un moment Tom cessa de parler et je le regardai du coin de l'œil; je vis qu'il était devenu gris, lui aussi, et qu'il avait l'air misérable, je me dis: «Ça commence.» Il faisait presque nuit, une lueur terne filtrait à travers les soupiraux et le tas de charbon, et faisait une grosse tache sous le ciel; par le trou du plafond je voyais déjà une étoile: la nuit serait pure et glacée.

La porte s'ouvrit, et deux gardiens entrèrent. Ils étaient suivis d'un homme blond qui portait un uniforme belge. Il nous salua:

– Je suis médecin, dit-il. J'ai l'autorisation de vous assister en ces pénibles circonstances.

Il avait une voix agréable et distinguée. Je lui dis:

– Qu'est-ce que vous venez faire ici?

– Je me mets à votre disposition. Je ferai tout mon possible pour que ces quelques heures vous soient moins lourdes.

– Pourquoi êtes-vous venu chez nous? Il y a d'autres types, l'hôpital en est plein.

– On m'a envoyé ici, répondit-il d'un air vague.

«Ah! vous aimeriez fumer, hein? ajouta-t-il précipitamment. J'ai des cigarettes et même des cigares.»

Il nous offrit des cigarettes anglaises et des puros, mais nous refusâmes. Je le regardai dans les yeux, et il parut gêné. Je lui dis:

– Vous ne venez pas ici par compassion. D'ailleurs je vous connais. Je vous ai vu avec des fascistes dans la cour de la caserne, le jour où on m'a arrêté.

J'allais continuer, mais tout d'un coup il m'arriva quelque chose qui me surprit: la présence de ce médecin cessa brusquement de m'intéresser. D'ordi-

la grêle une pluie de petits morceaux de glace

une lueur une faible lumière
terne qui ne brille pas

assister qn aider qn moralement
les circonstances *f* les moments, la situation
se mettre à la disposition de qn offrir ses services à qn

un puro [puro] *esp.* un gros cigare

la compassion la pitié

naire, quand je suis sur un homme, je ne le lâche pas. Et pourtant l'envie de parler me quitta; je haussai les épaules et je détournai les yeux. Un peu plus tard, je levai la tête: il m'observait d'un air curieux. Les gardiens s'étaient assis sur une paillasse. Pedro, le grand maigre, se tournait les pouces, l'autre agitait de temps en temps la tête pour s'empêcher de dormir.

– Voulez-vous de la lumière? dit soudain Pedro au médecin.

L'autre fit «oui» de la tête: je pense qu'il avait à peu près autant d'intelligence qu'une bûche, mais sans doute n'était-il pas méchant. A regarder ses gros yeux bleus et froids, il me sembla qu'il péchait surtout par défaut d'imagination. Pedro sortit et revint avec une lampe à pétrole qu'il posa sur le coin du banc. Elle éclairait mal, mais c'était mieux que rien: la veille on nous avait laissés dans le noir. Je regardai un bon moment le rond de lumière que la lampe faisait au plafond. J'étais fasciné. Et puis, brusquement, je me réveillai, le rond de lumière s'effaça, et je me sentis écrasé sous un poids énorme. Ce n'était pas la pensée de la mort, ni la crainte: c'était anonyme. Les pommettes me brûlaient et j'avais mal au crâne.

Je me secouai et regardai mes deux compagnons. Tom avait enfoui sa tête dans ses mains, je ne voyais que sa nuque grasse et blanche. Le petit Juan était de beaucoup le plus mal en point, il avait la bouche ouverte et ses narines tremblaient. Le médecin s'approcha de lui et lui posa la main sur l'épaule comme pour le réconforter: mais ses yeux restaient froids. Puis je vis la main du Belge descendre sournoisement le long du bras de Juan jusqu'au poignet. Juan se laissait faire avec indifférence. Le Belge lui prit le poignet entre trois doigts, avec un air distrait, en même temps il recula un peu et s'arrangea pour me tourner le dos. Mais je me penchai en arrière et je le vis tirer sa montre et la consulter un instant sans lâcher le poignet du petit. Au bout d'un moment, il laissa retomber la main inerte et alla s'adosser au mur,

détourner les yeux regarder ailleurs

se tourner les pouces *m; fam* rester sans rien faire

une bûche un morceau de bois de chauffage

pécher commettre une faute

par défaut de par manque de

s'effacer disparaître

la pommette Backenknochen

le crâne l'ensemble des os de la tête

la nuque la partie arrière du cou

mal en point malade

les narines *f* les trous de nez *fam*

réconforter qn redonner du courage à qn

sournoisement ≠ franchement, ouvertement

le poignet la partie qui relie la main à l'avant-bras

distrait,e inattentif

inerte [inɛrt] immobile, sans réaction

puis, comme s'il se rappelait soudain quelque chose de très important qu'il fallait noter sur-le-champ, il prit un carnet dans sa poche et y inscrivit quelques lignes. «Le salaud, pensai-je avec colère, qu'il ne vienne pas me tâter le pouls, je lui enverrai mon poing dans sa sale gueule.»

Il ne vint pas, mais je sentis qu'il me regardait. Je levai la tête et lui rendis son regard. Il me dit d'une voix impersonnelle:

– Vous ne trouvez pas qu'on grelotte ici?

Il avait l'air d'avoir froid; il était violet.

– Je n'ai pas froid, lui répondis-je.

Il ne cessait pas de me regarder, d'un œil dur. Brusquement je compris et je portai mes mains à ma figure: j'étais trempé de sueur. Dans cette cave, au gros de l'hiver, en plein courant d'air, je suais. Je passai les doigts dans mes cheveux qui étaient feutrés par la transpiration; en même temps, je m'aperçus que ma chemise était humide et collait à ma peau: je ruisselais depuis une heure au moins et je n'avais rien senti. Mais ça n'avait pas échappé au cochon de Belge; il avait vu les gouttes rouler sur mes joues et il avait pensé: c'est la manifestation d'un état de terreur quasi pathologique; et il s'était senti normal et fier de l'être parce qu'il avait froid. Je voulus me lever pour aller lui casser la figure, mais à peine avais-je ébauché un geste que ma honte et ma colère furent effacées; je retombai sur le banc avec indifférence.

Je me contentai de me frictionner le cou avec mon mouchoir parce que, maintenant, je sentais la sueur qui gouttait de mes cheveux sur ma nuque et c'était désagréable. Je renonçai d'ailleurs bientôt à me frictionner, c'était inutile: déjà mon mouchoir était bon à tordre, et je suais toujours. Je suais aussi des fesses et mon pantalon humide adhérait au banc.

Le petit Juan parla tout à coup.

– Vous êtes médecin?

– Oui, dit le Belge.

– Est-ce qu'on souffre ... longtemps?

sur-le-champ aussitôt

un salaud *pop* un cochon

le pouls [pu] les battements du cœur

la gueule *pop* le visage

feutré,e qui a pris l'aspect du feutre (Filz)

humide ≠ sec

ruisseler être couvert d'un liquide qui coule sans arrêt

qc échappe à qn qn ne remarque pas qc

une goutte Tropfen

la terreur une très grande peur

ébaucher qc commencer qc sans aller jusqu'au bout

se frictionner se frotter avec force

les fesses *f* le derrière *fam*

adhérer à qc [adere] coller à qc

– Oh! Quand ...? Mais non, dit le Belge d'une voix paternelle, c'est vite fini.

Il avait l'air de rassurer un malade payant.

– Mais je ... on m'avait dit ... qu'il fallait souvent deux salves.

– Quelquefois, dit le Belge en hochant la tête. Il peut se faire que la première salve n'atteigne aucun des organes vitaux.

– Alors il faut qu'ils rechargent les fusils et qu'ils visent de nouveau?

Il réfléchit et ajouta d'une voix enrouée:

– Ça prend du temps!

Il avait une peur affreuse de souffrir, il ne pensait qu'à ça: c'était de son âge. Moi, je n'y pensais plus beaucoup et ce n'était pas la crainte de souffrir qui me faisait transpirer.

Je me levai et je marchai jusqu'au tas de poussier. Tom sursauta et me jeta un regard haineux: je l'agaçais parce que mes souliers craquaient. Je me demandais si j'avais le visage aussi terreux que lui: je vis qu'il suait aussi. Le ciel était superbe, aucune lumière ne se glissait dans ce coin sombre, et je n'avais qu'à lever la tête pour apercevoir la Grande Ourse. Mais ça n'était plus comme auparavant: l'avant-veille, de mon cachot de l'archevêché, je pouvais voir un grand morceau de ciel et chaque heure du jour me rappelait un souvenir différent. Le matin quand le ciel était d'un bleu dur et léger, je pensais à des plages au bord de l'Atlantique; à midi je voyais le soleil et je me rappelais un bar de Séville, où je buvais du manzanilla en mangeant des anchois et des olives; l'après-midi j'étais à l'ombre et je pensais à l'ombre profonde qui s'étend sur la moitié des arènes pendant que l'autre moitié scintille au soleil: c'était vraiment pénible de voir ainsi toute la terre se refléter dans le ciel. Mais à présent je pouvais regarder en l'air tant que je voulais, le ciel ne m'évoquait plus rien. J'aimais mieux ça. Je revins m'asseoir près de Tom. Un long moment passa.

Tom se mit à parler, d'une voix basse. Il fallait

paternel,-elle à la manière d'un père

vital,e lebenswichtig

recharger wieder aufladen

viser zielen

enroué,e heiser

sursauter avoir un mouvement brusque du corps

haineux de: la haine ≠ l'amour

terreux,se grisâtre

la Grande Ourse une constellation située près du pôle arctique

le manzanilla [mãnzanija] un vin très sec et un peu amer

un anchois, Anchovis

scintiller flimmern

se refléter renvoyer son image

évoquer qc rappeler qc

toujours qu'il parlât, sans ça il ne se reconnaissait pas bien dans ses pensées. Je pense que c'était à moi qu'il s'adressait mais il ne me regardait pas. Sans doute avait-il peur de me voir comme j'étais, gris et suant: nous étions pareils et pires que des miroirs l'un pour l'autre. Il regardait le Belge, le vivant.

– Tu comprends, toi? disait-il. Moi, je comprends pas.

Je me mis aussi à parler à voix basse. Je regardais le Belge.

– Quoi, qu'est-ce qu'il y a?

– Il va nous arriver quelque chose que je ne peux pas comprendre.

Il y avait une étrange odeur autour de Tom. Il me sembla que j'étais plus sensible aux odeurs qu'à l'ordinaire. Je ricanai:

– Tu comprendras tout à l'heure.

– Ça n'est pas clair, dit-il d'un air obstiné. Je veux bien avoir du courage, mais il faudrait au moins que je sache ... Ecoute, on va nous amener dans la cour. Les types vont se ranger devant nous. Combien seront-ils?

– Je ne sais pas. Cinq ou huit. Pas plus.

– Ça va. Ils seront huit. On leur criera: «En joue», et je verrai les huit fusils braqués sur moi. Je pense que je voudrai rentrer dans le mur, je pousserai le mur avec le dos de toutes mes forces, et le mur résistera, comme dans les cauchemars. Tout ça je peux me l'imaginer. Ah! si tu savais comme je peux me l'imaginer.

– Ça va! lui dis-je, je me l'imagine aussi.

– Ça doit faire un mal de chien. Tu sais qu'ils visent les yeux et la bouche pour défigurer, ajouta-t-il méchamment. Je sens déjà les blessures; depuis une heure j'ai des douleurs dans la tête et dans le cou. Pas de vraies douleurs; c'est pis: ce sont les douleurs que je sentirai demain matin. Mais après?

Je comprenais très bien ce qu'il voulait dire, mais je ne voulais pas en avoir l'air. Quant aux douleurs, moi aussi je les portais dans mon corps, comme une

ricaner dire de façon ironique

obstiné,e qui change difficilement d'avis

en joue! mettez vos fusils (↑) contre votre joue!
braqué,e sur dirigé sur

un cauchemar un très mauvais rêve

foule de petites balafres. Je ne pouvais pas m'y faire, mais j'étais comme lui, je n'y attachais pas d'importance.

– Après, dis-je rudement, tu boufferas du pissenlit.

Il se mit à parler pour lui seul: il ne lâchait pas des yeux le Belge. Celui-ci n'avait pas l'air d'écouter. Je savais ce qu'il était venu faire; ce que nous pensions ne l'intéressait pas; il était venu regarder nos corps, des corps qui agonisaient tout vifs.

– C'est comme dans les cauchemars, disait Tom. On veut penser à quelque chose, on a tout le temps l'impression que ça y est, qu'on va comprendre et puis ça glisse, ça vous échappe et ça retombe. Je me dis: après, il n'y aura plus rien. Mais je ne comprends pas ce que ça veut dire. Il y a des moments où j'y arrive presque … et puis ça retombe, je recommence à penser aux douleurs, aux balles, aux détonations. Je suis matérialiste, je te le jure; je ne deviens pas fou. Mais il y a quelque chose qui ne va pas. Je vois mon cadavre: ça n'est pas difficile mais c'est *moi* qui le vois, avec *mes* yeux. Il faudrait que j'arrive à penser … à penser que je ne verrai plus rien, que je n'entendrai plus rien et que le monde continuera pour les autres. On n'est pas faits pour penser ça, Pablo. Tu peux me croire: ça m'est déjà arrivé de veiller toute une nuit en attendant quelque chose. Mais cette chose-là, ça n'est pas pareil: ça nous prendra par-derrière, Pablo, et nous n'aurons pas pu nous y préparer.

– La ferme, lui dis-je, veux-tu que j'appelle un confesseur?

Il ne répondit pas. J'avais déjà remarqué qu'il avait tendance à faire le prophète et à m'appeler Pablo en parlant d'une voix blanche. Je n'aimais pas beaucoup ça; mais il paraît que tous les Irlandais sont ainsi. J'avais l'impression vague qu'il sentait l'urine. Au fond je n'avais pas beaucoup de sympathie pour Tom et je ne voyais pas pourquoi, sous prétexte que nous allions mourir ensemble, j'aurais dû en avoir davantage. Il y a des types avec qui ç'aurait été différent. Avec Ramon Gris, par exemple. Mais, entre Tom et

une balafre une longue coupure faite au visage

bouffer *pop* manger
le pissenlit Löwenzahn
bouffer du pissenlit (par la racine) être mort et enterré

agoniser être en train de mourir
vif, vive *ici:* vivant

une détonation un bruit soudain et violent fait par une arme

un cadavre un corps mort

veiller ne pas dormir

la ferme! *pop* tais-toi!
un confesseur qn à qui on avoue ses péchés (↑)

(une voix) blanche sans timbre ≠ sonore

sous prétexte que *m* pour la simple raison que

Juan, je me sentais seul. D'ailleurs, j'aimais mieux ça: avec Ramon je me serais peut-être attendri. Mais j'étais terriblement dur, à ce moment-là, et je voulais rester dur.

Il continua à mâchonner des mots, avec une espèce de distraction. Il parlait sûrement pour s'empêcher de penser. Il sentait l'urine à plein nez comme les vieux prostatiques. Naturellement j'étais de son avis, tout ce qu'il disait j'aurais pu le dire: ça n'est pas *naturel* de mourir. Et, depuis que j'allais mourir, plus rien ne me semblait naturel, ni ce tas de poussier, ni le banc, ni la sale gueule de Pedro. Seulement, ça me déplaisait de penser les mêmes choses que Tom. Et je savais bien que, tout au long de la nuit, à cinq minutes près, nous continuerions à penser les choses en même temps, à suer ou à frissonner en même temps. Je le regardai de côté et, pour la première fois, il me parut étrange: il portait sa mort sur sa figure. J'étais blessé dans mon orgueil: pendant vingt-quatre heures, j'avais vécu aux côtés de Tom, je l'avais écouté, je lui avais parlé, et je savais que nous n'avions rien de commun. Et maintenant nous nous ressemblions comme des frères jumeaux, simplement parce que nous allions crever ensemble. Tom me prit la main sans me regarder:

– Pablo, je me demande ... je me demande si c'est bien vrai qu'on s'anéantit.

Je dégageai ma main, je lui dis:

– Regarde entre tes pieds, salaud.

Il y avait une flaque entre ses pieds, et des gouttes tombaient de son pantalon.

– Qu'est-ce que c'est? dit-il avec effarement.

– Tu pisses dans ta culotte, lui dis-je.

– C'est pas vrai, dit-il furieux, je ne pisse pas, je ne sens rien.

Le Belge s'était approché. Il demanda avec une fausse sollicitude:

– Vous vous sentez souffrant?

Tom ne répondit pas. Le Belge regarda la flaque sans rien dire.

s'attendrir se laisser aller à l'émotion

mâchonner qc *ici:* dire qc en articulant mal

un prostatique un malade de la prostate

frissonner trembler légèrement

des frères jumeaux des frères nés le même jour

crever *pop* mourir

s'anéantir disparaître complètement

l'effarement *m* Bestürzung

la sollicitude Fürsorge

une flaque Pfütze

– Je ne sais pas ce que c'est, dit Tom d'un ton farouche, mais je n'ai pas peur. Je vous jure que je n'ai pas peur.

Le Belge ne répondit pas. Tom se leva et alla pisser dans un coin. Il revint en boutonnant sa braguette, se rassit et ne souffla plus mot. Le Belge prenait des notes.

Nous le regardions tous les trois parce qu'il était vivant. Il avait les gestes d'un vivant, les soucis d'un vivant; il grelottait dans cette cave, comme devaient grelotter les vivants; il avait un corps obéissant et bien nourri. Nous autres, nous ne sentions plus guère nos corps – plus de la même façon, en tout cas. J'avais envie de tâter mon pantalon, entre mes jambes, mais je n'osais pas; je regardais le Belge, arqué sur ses jambes, maître de ses muscles – et qui pouvait penser à demain. Nous étions là, trois ombres privées de sang; nous le regardions et nous sucions sa vie comme des vampires.

Il finit par s'approcher du petit Juan. Voulut-il lui tâter la nuque pour quelque motif professionnel ou bien obéit-il à une impulsion charitable? S'il agit par charité ce fut la seule et unique fois de toute la nuit. Il caressa le crâne et le cou du petit Juan. Le petit se laissait faire, sans le quitter des yeux, puis, tout à coup, il lui saisit la main et la regarda d'un drôle d'air. Il tenait la main du Belge entre les deux siennes, et elles n'avaient rien de plaisant, les deux pinces grises qui serraient cette main grasse et rougeaude. Je me doutais bien de ce qui allait arriver et Tom devait s'en douter aussi: mais le Belge n'y voyait que du feu, il souriait paternellement. Au bout d'un moment, le petit porta la grosse patte rouge à sa bouche et voulut la mordre. Le Belge se dégagea vivement et recula jusqu'au mur en trébuchant. Pendant une seconde il nous regarda avec horreur, il devait comprendre tout d'un coup que nous n'étions pas des hommes comme lui. Je me mis à rire, et l'un des gardiens sursauta. L'autre s'était endormi, ses yeux, grands ouverts, étaient blancs.

farouche violent

la braguette l'ouverture sur le devant d'un pantalon

arqué,e tendu

sucer *ici:* boire

charitable bon, généreux

une pince *ici:* Klaue

se douter de qc s'attendre à qc

n'y voir que du feu ne pas se rendre compte de qc

une patte *ici, fam* une main

mordre prendre et serrer avec les dents

trébucher stolpern

Je me sentais las et surexcité, à la fois. Je ne voulais plus penser à ce qui arriverait à l'aube, à la mort. Ça ne rimait à rien, je ne rencontrais que des mots ou du vide. Mais dès que j'essayais de penser à autre chose je voyais des canons de fusil braqués sur moi. J'ai peut-être vécu vingt fois de suite mon exécution; une fois même, j'ai cru que ça y était pour de bon: j'avais dû m'endormir une minute. Ils me traînaient vers le mur, et je me débattais; je leur demandais pardon. Je me réveillai en sursaut et je regardai le Belge: j'avais peur d'avoir crié dans mon sommeil. Mais il se lissait la moustache, il n'avait rien remarqué. Si j'avais voulu, je crois que j'aurais pu dormir un moment: je veillais depuis quarante-huit heures, j'étais à bout. Mais je n'avais pas envie de perdre deux heures de vie: ils seraient venus me réveiller à l'aube, je les aurais suivis, hébété de sommeil, et j'aurais clamecé sans faire «ouf»; je ne voulais pas de ça, je ne voulais pas mourir comme une bête, je voulais comprendre. Et puis je craignais d'avoir des cauchemars. Je me levai, je me promenai de long en large et, pour me changer les idées, je me mis à penser à ma vie passée. Une foule de souvenirs me revinrent, pêle-mêle. Il y en avait de bons et de mauvais – ou du moins je les appelais comme ça *avant*. Il y avait des visages et des histoires. Je revis le visage d'un petit novillero qui s'était fait encorner à Valence pendant la Feria, celui d'un de mes oncles, celui de Ramon Gris. Je me rappelai des histoires: comment j'avais chômé pendant trois mois en 1926, comment j'avais manqué crever de faim. Je me souvins d'une nuit que j'avais passée sur un banc à Grenade: je n'avais pas mangé depuis trois jours, j'étais enragé, je ne voulais pas crever. Ça me fit sourire. Avec quelle âpreté, je courais après le bonheur, après les femmes, après la liberté. Pour quoi faire? J'avais voulu libérer l'Espagne, j'admirais Pi i Margall, j'avais adhéré au mouvement anarchiste, j'avais parlé dans des réunions publiques: je prenais tout au sérieux, comme si j'avais été immortel.

A ce moment-là, j'eus l'impression que je tenais

las, lasse [la, las] faible, fatigué
surexcité,e très énervé
l'aube *f* le début du jour
ça ne rime à rien ça ne sert à rien

se débattre faire beaucoup d'efforts pour se dégager (↑)
en sursaut *m* d'une manière brusque
se lisser qc caresser qc (↑) pour le rendre plat

hébété,e incapable de réagir
clamecer *pop* mourir

pêle-mêle dans un grand désordre

un novillero [noviljero] *esp.* un jeune torero
encorner blesser à coups de cornes (*f;* Horn)

enragé,e fou de colère
l'âpreté *f* la violence

Pi i Margall un anarchiste catalan
adhérer à *ici:* entrer dans

toute ma vie devant moi et je pensai: «C'est un sacré mensonge.» Elle ne valait rien puisqu'elle était finie. Je me demandai comment j'avais pu me promener, rigoler avec des filles: je n'aurais pas remué le petit doigt si seulement j'avais imaginé que je mourrais comme ça. Ma vie était devant moi, close, fermée, comme un sac, et pourtant tout ce qu'il y avait dedans était inachevé. Un instant, j'essayai de la juger. J'aurais voulu me dire: c'est une belle vie. Mais on ne pouvait pas porter de jugement sur elle, c'était une ébauche; j'avais passé mon temps à tirer des traites pour l'éternité, je n'avais rien compris. Je ne regrettais rien: il y avait des tas de choses que j'aurais pu regretter, le goût du manzanilla ou bien les bains que je prenais en été dans une petite crique près de Cadix; mais la mort avait tout désenchanté.

Le Belge eut une fameuse idée, soudain.

– Mes amis, nous dit-il, je puis me charger – sous réserve que l'administration militaire y consentira – de porter un mot de vous, un souvenir aux gens qui vous aiment ...

Tom grogna:

– J'ai personne.

Je ne répondis rien. Tom attendit un instant, puis me considéra avec curiosité:

– Tu ne fais rien dire à Concha?

– Non.

Je détestais cette complicité tendre: c'était ma faute, j'avais parlé de Concha la nuit précédente, j'aurais dû me retenir. J'étais avec elle depuis un an. La veille encore, je me serais coupé un bras à coups de hache pour la revoir cinq minutes. C'est pour ça que j'en avais parlé, c'était plus fort que moi. A présent je n'avais plus envie de la revoir, je n'avais plus rien à lui dire. Je n'aurais même pas voulu la serrer dans mes bras: j'avais horreur de mon corps parce qu'il était devenu gris et qu'il suait – et je n'étais pas sûr de ne pas avoir horreur du sien. Concha pleurerait quand elle apprendrait ma mort; pendant des mois, elle n'aurait plus de goût à vivre. Mais tout de même

rigoler *fam* rire, s'amuser

inachevé,e qui n'est pas terminé

une ébauche une esquisse, un projet
tirer une traite einen Wechsel ausstellen
l'éternité *f* ce qui n'a pas de fin
une crique kleine Bucht
désenchanter faire cesser des illusions

consentir à qc permettre qc

grogner brummen, murren

une hache [ynəaʃ] Axt, Beil

c'était moi qui allais mourir. Je pensai à ses beaux yeux tendres. Quand elle me regardait, quelque chose passait d'elle à moi. Mais je pensai que c'était fini: si elle me regardait *à présent* son regard resterait dans ses yeux, il n'irait pas jusqu'à moi. J'étais seul.

Tom aussi était seul, mais pas de la même manière. Il s'était assis à califourchon et il s'était mis à regarder le banc avec une espèce de sourire, il avait l'air étonné. Il avança la main et toucha le bois avec précaution, comme s'il avait peur de casser quelque chose, ensuite il retira vivement sa main et frissonna. Je ne me serais pas amusé à toucher le banc, si j'avais été Tom; c'était encore de la comédie d'Irlandais, mais je trouvais aussi que les objets avaient un drôle d'air: ils étaient plus effacés, moins denses qu'à l'ordinaire. Il suffisait que je regarde le banc, la lampe, le tas de poussier, pour que je sente que j'allais mourir. Naturellement, je ne pouvais pas clairement penser ma mort, mais je la voyais partout, sur les choses, dans la façon dont les choses avaient reculé et se tenaient à distance, discrètement, comme des gens qui parlent bas au chevet d'un mourant. C'était *sa* mort que Tom venait de toucher sur le banc.

Dans l'état où j'étais, si l'on était venu m'annoncer que je pouvais rentrer tranquillement chez moi, qu'on me laissait la vie sauve, ça m'aurait laissé froid: quelques heures ou quelques années d'attente c'est tout pareil, quand on a perdu l'illusion d'être éternel. Je ne tenais plus à rien, en un sens, j'étais calme. Mais c'était un calme horrible – à cause de mon corps: mon corps, je voyais avec ses yeux, j'entendais avec ses oreilles, mais ça n'était plus moi; il suait et tremblait tout seul, et je ne le reconnaissais plus. J'étais obligé de le toucher et de le regarder pour savoir ce qu'il devenait, comme si ç'avait été le corps d'un autre. Par moments, je le sentais encore, je sentais des glissements, des espèces de dégringolades, comme lorsqu'on est dans un avion qui pique du nez, ou bien je sentais battre mon cœur. Mais ça ne me

à califourchon comme sur un cheval

la précaution l'attention, la prudence

dense compact

au chevet de près du lit de

laisser la vie sauve laisser en vie

une dégringolade *fam* le fait de descendre précipitamment

piquer du nez tomber en avant

rassurait pas: tout ce qui venait de mon corps avait un sale air louche. La plupart du temps, il se taisait, il se tenait coi, et je ne sentais plus rien qu'une espèce de pesanteur, une présence immonde contre moi; j'avais l'impression d'être lié à une vermine énorme. A un moment, je tâtai mon pantalon et je sentis qu'il était humide; je ne savais pas s'il était mouillé de sueur ou d'urine, mais j'allai pisser sur le tas de charbon, par précaution.

Le Belge tira sa montre et la regarda. Il dit:

– Il est trois heures et demie.

Le salaud! Il avait dû le faire exprès. Tom sauta en l'air; nous ne nous étions pas encore aperçus que le temps s'écoulait; la nuit nous entourait comme une masse informe et sombre, je ne me rappelais même plus qu'elle avait commencé.

Le petit Juan se mit à crier. Il se tordait les mains, il suppliait:

– Je ne veux pas mourir, je ne veux pas mourir.

Il courut à travers toute la cave en levant les bras en l'air, puis il s'abattit sur une des paillasses et sanglota. Tom le regardait avec des yeux mornes et n'avait même plus envie de le consoler. Par le fait, ce n'était pas la peine: le petit faisait plus de bruit que nous, mais il était moins atteint: il était comme un malade qui se défend contre son mal par de la fièvre. Quand il n'y a même plus de fièvre, c'est beaucoup plus grave.

Il pleurait: je voyais bien qu'il avait pitié de lui-même; il ne pensait pas à la mort. Une seconde, une seule seconde, j'eus envie de pleurer moi aussi, de pleurer de pitié sur moi. Mais ce fut le contraire qui arriva: je jetai un coup d'œil sur le petit, je vis ses maigres épaules sanglotantes et je me sentis inhumain: je ne pouvais avoir pitié ni des autres ni de moi-même. Je me dis: «Je veux mourir proprement.»

Tom s'était levé, il se plaça juste en dessous de l'ouverture ronde et se mit à guetter le jour. Moi, j'étais buté, je voulais mourir proprement et je ne pensais qu'à ça. Mais, par en dessous, depuis que le

louche étrange, suspect
coi, coite tranquille et silencieux
la pesanteur une sensation pénible de poids
immonde [immõd] qui inspire le dégoût
la vermine Ungeziefer

exprès [ɛksprɛ] intentionnellement

s'abattre se laisser tomber
sangloter pleurer de façon bruyante
morne triste, sans éclat
consoler qn calmer la peine de qn

guetter qc attendre qc avec attention
buté,e obstiné (↑)

médecin nous avait dit l'heure, je sentais le temps qui filait, qui coulait goutte à goutte.

Il faisait encore noir quand j'entendis la voix de Tom:

– Tu les entends.

– Oui.

Des types marchaient dans la cour.

– Qu'est-ce qu'ils viennent foutre? Ils ne peuvent pourtant pas tirer dans le noir.

foutre *pop* faire

Au bout d'un moment nous n'entendîmes plus rien. Je dis à Tom:

– Voilà le jour.

Pedro se leva en bâillant et vint souffler la lampe. Il dit à son copain.

– Mince de froid.

mince de froid! *fam* quel froid!

La cave était devenue toute grise. Nous entendîmes des coups de feu dans le lontain.

– Ça commence, dis-je à Tom, ils doivent faire ça dans la cour de derrière.

Tom demanda au médecin de lui donner une cigarette. Moi, je n'en voulais pas; je ne voulais ni cigarettes ni alcool. A partir de cet instant, ils ne cessèrent pas de tirer.

– Tu te rends compte? dit Tom.

Il voulait ajouter quelque chose mais il se tut, il regardait la porte. La porte s'ouvrit, et un lieutenant entra avec quatre soldats. Tom laissa tomber sa cigarette.

– Steinbock?

Tom ne répondit pas. Ce fut Pedro qui le désigna.

désigner qn montrer qn

– Juan Mirbal?

– C'est celui qui est sur la paillasse.

– Levez-vous, dit le lieutenant.

Juan ne bougea pas. Deux soldats le prirent aux aisselles et le mirent sur ses pieds. Mais dès qu'ils l'eurent lâché il retomba.

l'aisselle *f* le dessous du bras

Les soldats hésitèrent.

– Ce n'est pas le premier qui se trouve mal, dit le lieutenant, vous n'avez qu'à le porter, vous deux; on s'arrangera là-bas.

se trouver mal perdre connaissance

Il se tourna vers Tom:

– Allons, venez.

Tom sortit entre deux soldats. Deux autres soldats suivaient, ils portaient le petit par les aisselles et par les jarrets. Il n'était pas évanoui; il avait les yeux grands ouverts, et des larmes coulaient le long de ses joues. Quand je voulus sortir, le lieutenant m'arrêta:

– C'est vous, Ibbieta?

– Oui.

– Vous allez attendre ici: on viendra vous chercher tout à l'heure.

Ils sortirent. Le Belge et les deux geôliers sortirent aussi; je restai seul. Je ne comprenais pas ce qui m'arrivait, mais j'aurais mieux aimé qu'ils en finissent tout de suite. J'entendais les salves à intervalles presque réguliers; à chacune d'elles, je tressaillais. J'avais envie de hurler et de m'arracher les cheveux. Mais je serrais les dents et j'enfonçais les mains dans mes poches parce que je voulais rester propre.

Au bout d'une heure, on vint me chercher et on me conduisit au premier étage, dans une petite pièce qui sentait le cigare et dont la chaleur me parut suffocante. Il y avait là deux officiers qui fumaient assis dans des fauteuils, avec des papiers sur leurs genoux.

– Tu t'appelles Ibbieta?

– Oui.

– Où est Ramon Gris?

– Je ne sais pas.

Celui qui m'interrogeait était petit et gros. Il avait des yeux durs derrière ses lorgnons. Il me dit:

– Approche.

Je m'approchai. Il se leva et me prit par les bras en me regardant d'un air à me faire rentrer sous terre. En même temps, il me pinçait les biceps de toutes ses forces. Ça n'était pas pour me faire mal, c'était le grand jeu: il voulait me dominer. Il jugeait nécessaire aussi de m'envoyer son souffle pourri en pleine figure. Nous restâmes un moment comme ça, moi ça me donnait plutôt envie de rire. Il en faut beaucoup plus pour intimider un homme qui va mourir: ça ne

le jarret la partie sous le genou
évanoui,e qui a perdu connaissance
un geôlier [ʒolje] un gardien de prison
tressaillir sursauter (↑)
arracher qc enlever qc avec violence
suffocant,e qui empêche de respirer
pincer qc serrer qc très fort avec les doigts
le biceps [bisɛps] Oberarmmuskel
pourri,e qui sent mauvais
intimider qn effrayer qn

prenait pas. Il me repoussa violemment et se rassit. Il dit:

– C'est ta vie contre la sienne. On te laisse la vie sauve si tu nous dis où il est.

Ces deux types chamarrés avec leurs cravaches et leurs bottes, c'étaient tout de même des hommes qui allaient mourir. Un peu plus tard que moi, mais pas beaucoup plus. Et ils s'occupaient à chercher des noms sur leurs paperasses, ils couraient après d'autres hommes pour les emprisonner ou les supprimer; ils avaient des opinions sur l'avenir de l'Espagne et sur d'autres sujets. Leurs petites activités me paraissaient choquantes et burlesques: je n'arrivais plus à me mettre à leur place, il me semblait qu'ils étaient fous.

Le petit gros me regardait toujours, en fouettant ses bottes de sa cravache. Tous ses gestes étaient calculés pour lui donner l'allure d'une bête vive et féroce.

– Alors? C'est compris?

– Je ne sais pas où est Gris, répondis-je. Je croyais qu'il était à Madrid.

L'autre officier leva sa main pâle avec indolence. Cette indolence aussi était calculée. Je voyais tous leurs petits manèges et j'étais stupéfait qu'il se trouvât des hommes pour s'amuser à ça.

– Vous avez un quart d'heure pour réfléchir, dit-il lentement. Emmenez-le à la lingerie, vous le ramènerez dans un quart d'heure. S'il persiste à refuser, on l'exécutera sur-le-champ.

Ils savaient ce qu'ils faisaient: j'avais passé la nuit dans l'attente; après ça, ils m'avaient encore fait attendre une heure dans la cave, pendant qu'on fusillait Tom et Juan, et maintenant ils m'enfermaient dans la lingerie; ils avaient dû préparer leur coup depuis la veille. Ils se disaient que les nerfs s'usent à la longue et ils espéraient m'avoir comme ça.

Ils se trompaient bien. Dans la lingerie, je m'assis sur un escabeau, parce que je me sentais très faible et je me mis à réfléchir. Mais pas à leur proposition.

ça ne prend pas ça ne marche pas

chamarré,e couvert d'ornements dorés
une cravache Reitpeitsche
une botte *ici:* Reitstiefel

la paperasse *péj; fam* les papiers
supprimer qn tuer qn

burlesque comique, ridicule

fouetter qc frapper qc avec un fouet

féroce sauvage et dangereux

l'indolence *f* la mollesse, l'indifférence

les manèges *m; fig* Schliche, Kniffe
stupéfait,e extrêmement étonné
une lingerie un local réservé au lavage et au repassage du linge
persister à continuer à, s'obstiner à (↑)

s'user se fatiguer

un escabeau kleine Treppenleiter

Naturellement, je savais où était Gris: il se cachait chez ses cousins, à quatre kilomètres de la ville. Je savais aussi que je ne révélerais pas sa cachette, sauf s'ils me torturaient (mais ils n'avaient pas l'air d'y songer). Tout cela était parfaitement réglé, définitif et ne m'intéressait nullement. Seulement j'aurais voulu comprendre les raisons de ma conduite. Je préférais plutôt crever que de livrer Gris. Pourquoi? Je n'aimais plus Ramon Gris. Mon amitié pour lui était morte un peu avant l'aube en même temps que mon amour pour Concha, en même temps que mon désir de vivre. Sans doute je l'estimais toujours; c'était un dur. Mais ça n'était pas pour cette raison que j'acceptais de mourir à sa place; sa vie n'avait pas plus de valeur que la mienne; aucune vie n'avait de valeur. On allait coller un homme contre un mur et lui tirer dessus jusqu'à ce qu'il en crève: que ce fût moi ou Gris ou un autre c'était pareil. Je savais bien qu'il était plus utile que moi à la cause de l'Espagne, mais je me foutais de l'Espagne et de l'anarchie: rien n'avait plus d'importance. Et pourtant j'étais là, je pouvais sauver ma peau en livrant Gris et je me refusais à le faire. Je trouvais ça plutôt comique: c'était de l'obstination. Je pensai: «Faut-il être têtu!» Et une drôle de gaieté m'envahit.

Ils vinrent me chercher et me ramenèrent auprès des deux officiers. Un rat partit sous nos pieds et ça m'amusa. Je me tournai vers un des phalangistes et je lui dis:

– Vous avez vu le rat?

Il ne répondit pas. Il était sombre, il se prenait au sérieux. Moi, j'avais envie de rire mais je me retenais parce que j'avais peur, si je commençais, de ne plus pouvoir m'arrêter. Le phalangiste portait des moustaches. Je lui dis encore:

– Il faut couper tes moustaches, ballot.

Je trouvais drôle qu'il laissât de son vivant les poils envahir sa figure. Il me donna un coup de pied sans grande conviction, et je me tus.

– Eh bien, dit le gros officier, tu as réfléchi?

révéler qc faire connaître qc

songer à qc penser à qc

livrer qn dénoncer qn

coller qn contre appuyer qn contre

la cause *ici:* les intérêts

je me fous de qc *pop* qc m'est complètement égal

têtu,e obstiné(↑), buté(↑)

qc envahit qn [ɑ̃vai] qc remplit qn

un ballot *fam* un idiot

la conviction *ici:* la fermeté

Je les regardai avec curiosité comme des insectes d'une espèce très rare. Je leur dis:
– Je sais où il est. Il est caché dans le cimetière. Dans un caveau ou dans la cabane des fossoyeurs.

C'était pour leur faire une farce. Je voulais les voir se lever, boucler leurs ceinturons et donner des ordres d'un air affairé.

Ils sautèrent sur leurs pieds.
– Allons-y. Moles, allez demander quinze hommes au lieutenant Lopez. Toi, me dit le petit gros, si tu as dit la vérité, je n'ai qu'une parole. Mais tu le paieras cher si tu t'es fichu de nous.

Ils partirent dans un brouhaha, et j'attendis paisiblement sous la garde des phalangistes. De temps en temps, je souriais parce que je pensais à la tête qu'ils allaient faire. Je me sentais abruti et malicieux. Je les imaginais, soulevant les pierres tombales, ouvrant une à une les portes des caveaux. Je me représentais la situation comme si j'avais été un autre: ce prisonnier obstiné à faire le héros, ces graves phalangistes avec leurs moustaches et ces hommes en uniforme qui couraient entre les tombes; c'était d'un comique irrésistible.

Au bout d'une demi-heure le petit gros revint seul. Je pensai qu'il venait donner l'ordre de m'exécuter. Les autres devaient être restés au cimetière.

L'officier me regarda. Il n'avait pas du tout l'air penaud.
– Emmenez-le dans la grande cour avec les autres, dit-il. A la fin des opérations militaires, un tribunal régulier décidera de son sort.

Je crus que je n'avais pas compris. Je lui demandai:
– Alors on ne me ... on ne me fusillera pas? ...
– Pas maintenant en tout cas. Après, ça ne me regarde plus.

Je ne comprenais toujours pas. Je lui dis:
– Mais pourquoi?

Il haussa les épaules sans répondre, et les soldats m'emmenèrent. Dans la grande cour il y avait une centaine de prisonniers, des femmes, des enfants,

un caveau Gruft
un fossoyeur Totengräber
boucler qc attacher qc
un ceinturon la large ceinture d'un uniforme
se ficher de qn *fam* se moquer de qn
le brouhaha [bruaa] un bruit confus
malicieux,-euse schalkhaft, schelmisch
penaud,e honteux, gêné
le sort Schicksal
ça ne me regarde pas das geht mich nichts an

quelques vieillards. Je me mis à tourner autour de la pelouse centrale, j'étais hébété. A midi, on nous fit manger au réfectoire. Deux ou trois types m'interpellèrent. Je devais les connaître, mais je ne leur répondis pas: je ne savais même plus où j'étais.

Vers le soir, on poussa dans la cour une dizaine de prisonniers nouveaux. Je reconnus Garcia, le boulanger. Il me dit:

– Sacré veinard! Je ne pensais pas te revoir vivant.

– Ils m'avaient condamné à mort, dis-je, et puis ils ont changé d'idée. Je ne sais pas pourquoi.

– Ils m'ont arrêté à deux heures, dit Garcia.

– Pourquoi?

Garcia ne faisait pas de politique.

– Je ne sais pas, dit-il. Ils arrêtent tous ceux qui ne pensent pas comme eux.

Il baissa la voix.

– Ils ont eu Gris.

Je me mis à trembler.

– Quand?

– Ce matin. Il avait fait le con. Il a quitté son cousin mardi parce qu'ils avaient eu des mots. Il ne manquait pas de types qui l'auraient caché, mais il ne voulait plus rien devoir à personne. Il a dit: «Je me serais caché chez Ibbieta, mais puisqu'ils l'ont pris j'irai me cacher au cimetière.»

– Au cimetière?

– Oui. C'était con. Naturellement, ils y ont passé ce matin, ça devait arriver. Ils l'ont trouvé dans la cabane des fossoyeurs. Il leur a tiré dessus, et ils l'ont descendu.

– Au cimetière!

Tout se mit à tourner et je me retrouvai assis par terre: je riais si fort que les larmes me vinrent aux yeux.

un réfectoire une cantine
interpeller qn adresser brusquement la parole à qn

un(e) veinard,e *fam* qn qui a de la chance

faire le con *pop* se conduire de façon idiote

descendre qn *pop* tuer qn

Albert Camus

Albert Camus, né en 1913, à Mondovie, en Algérie, est originaire d'un milieu très modeste. Il ne connaîtra pas son père, mortellement blessé en 1914, lors de la Première Guerre mondiale. Pour faire vivre sa famille, la mère d'Albert travaille comme femme de ménage. Poussé par son instituteur, Camus obtient une bourse qui lui permet de poursuivre ses études au lycée d'Alger. Sa condition de «pied-noir» (c'est-à-dire de Français d'Algérie), parmi des fils de colons riches, est à l'origine d'une philosophie qui souligne l'importance des valeurs morales que sont l'honnêteté et la volonté.

Etudiant à la Faculté des Lettres d'Alger, Camus exerce de nombreux emplois pour assurer son existence. Après avoir passé sa licence de philosophie, il doit renoncer à l'agrégation à cause de la tuberculose. A partir de 1938, il se consacre au journalisme, dénonçant par des enquêtes-reportages la misère du peuple nord-africain.

La Seconde Guerre mondiale enferme Camus dans la solitude: retourné en France pour soigner une rechute de tuberculose, il ne peut rejoindre sa femme à cause du débarquement des troupes alliées en Algérie. En 1940, il écrit son premier roman «L'Etranger» qui, avec «Le Mythe de Sisyphe» (1942), un essai philosophique, et «Caligula» (1945), une pièce de théâtre, constituent le «cycle de l'absurde». L'expérience de l'exil et du nazisme lui font ressentir la nécessité d'une lutte solidaire et d'actions constructives contre l'injustice et la violence. Camus entre dans la Résistance.

A la Libération, il est rédacteur en chef du journal «Combat».

«La Peste», roman publié en 1947, connaît un succès immédiat. De 1948 à 1954, Camus écrit des pièces – dont «Les Justes» –, un ouvrage philosophique («L'homme révolté») et des nouvelles. L'amitié qui l'avait lié à Sartre est troublée par une polémique à propos de «L'Homme révolté». La querelle dure un an (1951-1952) et s'achève par une rupture.

A partir de 1955, Camus écrit relativement peu: un roman, «La Chute» (1956), un recueil de nouvelles «L'Exil et le Royaume» (1957), dont est tiré le récit «Les Muets», et des «Réflexions sur la peine capitale» (1957 également). Au cours de cette même année, on lui décerne le prix Nobel de littérature.

En 1958, son état de santé s'aggrave, mais s'améliore quelque peu l'année d'après. En 1959, en effet, Camus entame la rédaction de son dernier roman «Le Premier Homme», qui demeurera inachevé.

Le 4 janvier 1960, au retour de sa propriété du Midi, l'écrivain meurt dans un accident de voiture.

Les Muets

On était au plein de l'hiver et cependant une journée radieuse se levait sur la ville déjà active. Au bout de la jetée, la mer et le ciel se confondaient dans un même éclat. Yvars, pourtant, ne les voyait pas. Il roulait lourdement le long des boulevards qui dominent le port. Sur la pédale fixe de la bicyclette, sa jambe infirme reposait immobile, tandis que l'autre peinait pour vaincre les pavés encore mouillés de l'humidité nocturne. Sans relever la tête, tout menu sur sa selle, il évitait les rails de l'ancien tramway, il se rangeait d'un coup de guidon brusque pour laisser passer les automobiles qui le doublaient et, de temps en temps, il renvoyait du coude, sur ses reins, la musette où Fernande avait placé son déjeuner. Il pensait alors avec amertume au contenu de la musette. Entre les deux tranches de gros pain, au lieu de l'omelette à l'espagnole qu'il aimait, ou du bifteck frit dans l'huile, il avait seulement du fromage.

Le chemin de l'atelier ne lui avait jamais paru aussi long. Il vieillissait, aussi. A quarante ans, et bien qu'il fût resté sec comme un sarment de vigne, les muscles ne se réchauffent pas aussi vite. Parfois, en lisant des comptes rendus sportifs où l'on appelait vétéran un athlète de trente ans, il haussait les épaules. «Si c'est un vétéran, disait-il à Fernande, alors, moi, je suis déjà aux allongés.» Pourtant, il savait que le journaliste n'avait pas tout à fait tort. A trente ans, le souffle fléchit déjà, imperceptiblement. A quarante, on n'est pas aux allongés, non, mais on s'y prépare, de loin, avec un peu d'avance. N'était-ce pas pour cela que depuis longtemps il ne regardait plus la mer, pendant le trajet qui le menait à l'autre bout de la ville où se trouvait la tonnellerie? Quand il avait vingt ans, il ne pouvait se lasser de la contempler; elle lui promettait une fin de semaine heureuse,

radieux,-euse magnifique
une jetée la chaussée surélevée qui s'avance dans la mer
se confondre se mélanger
l'éclat *m* une lumière vive
infirme dont on ne peut pas se servir, après une maladie, un accident
peiner pour avoir de la difficulté à
un pavé Pflasterstein
nocturne de la nuit
menu,e petit et mince
la selle un petit siège de cuir
le guidon Lenkstange
les reins *m* le bas du dos
une musette un sac en toile
l'amertume *f* Verbitterung
un sarment une branche de vigne

allongé,e *ici:* bettlägerig
fléchir faiblir
imperceptiblement sans qu'on le remarque
le trajet le parcours, le voyage
une tonnellerie un atelier où on fait des tonneaux (*m;* Faß)
se lasser de se fatiguer de
contempler regarder avec attention, avec admiration

à la plage. Malgré ou à cause de sa boiterie, il avait toujours aimé la nage. Puis les années avaient passé, il y avait eu Fernande, la naissance du garçon, et, pour vivre, les heures supplémentaires, à la tonnellerie le samedi, le dimanche chez des particuliers où il bricolait. Il avait perdu peu à peu l'habitude de ces journées violentes qui le rassasiaient. L'eau profonde et claire, le fort soleil, les filles, la vie du corps, il n'y avait pas d'autre bonheur dans son pays. Et ce bonheur passait avec la jeunesse. Yvars continuait d'aimer la mer, mais seulement à la fin du jour quand les eaux de la baie fonçaient un peu. L'heure était douce sur la terrasse de sa maison où il s'asseyait après le travail, content de sa chemise propre que Fernande savait si bien repasser, et du verre d'anisette couvert de buée. Le soir tombait, une douceur brève s'installait dans le ciel, les voisins qui parlaient avec Yvars baissaient soudain la voix. Il ne savait pas alors s'il était heureux, ou s'il avait envie de pleurer. Du moins, il était d'accord dans ces moments-là, il n'avait rien à faire qu'à attendre, doucement, sans trop savoir quoi.

Les matins où il regagnait son travail, au contraire, il n'aimait plus regarder la mer, toujours fidèle au rendez-vous, mais qu'il ne reverrait qu'au soir. Ce matin-là, il roulait, la tête baissée, plus pesamment encore que d'habitude, le cœur aussi était lourd. Quand il était rentré de la réunion, la veille au soir, et qu'il avait annoncé qu'on reprenait le travail: «Alors, avait dit Fernande joyeuse, le patron vous augmente?» Le patron n'augmentait rien du tout, la grève avait échoué. Ils n'avaient pas bien manœuvré, on devait le reconnaître. Une grève de colère, et le syndicat avait eu raison de suivre mollement. Une quinzaine d'ouvriers, d'ailleurs, ce n'était pas grand-chose; le syndicat tenait compte des autres tonnelleries qui n'avaient pas marché. On ne pouvait pas trop leur en vouloir. La tonnellerie, menacée par la construction des bateaux et des camions-citernes, n'allait pas fort. On faisait de moins en moins de barils et de

la boiterie le fait de boiter (hinken)

un particulier une personne privée

rassasier qn satisfaire pleinement qn

une baie [bɛ] Bucht

foncer devenir plus sombre

l'anisette *f* un apéritif fait avec de l'anis *m*

la buée feuchter Beschlag

regagner qc *ici:* retourner à qc

pesamment lourdement

tenir compte de qc prendre qc en considération

un camion-citerne un camion qui sert au transport de l'essence ou du vin, p.ex.

un baril un petit tonneau

bordelaises; on réparait surtout les grands foudres qui existaient déjà. Les patrons voyaient leurs affaires compromises, c'était vrai, mais ils voulaient quand même préserver une marge de bénéfices; le plus simple leur paraissait encore de freiner les salaires, malgré la montée des prix. Que peuvent faire des tonneliers quand la tonnellerie disparaît? On ne change pas de métier quand on a pris la peine d'en apprendre un; celui-là était difficile, il demandait un long apprentissage. Le bon tonnelier, celui qui ajuste ses douelles courbes, les resserre au feu et au cercle de fer, presque hermétiquement, sans utiliser le rafia ou l'étoupe, était rare. Yvars le savait et il en était fier. Changer de métier n'est rien, mais renoncer à ce qu'on sait, à sa propre maîtrise, n'est pas facile. Un beau métier sans emploi, on était coincé, il fallait se résigner. Mais la résignation non plus n'est pas facile. Il était difficile d'avoir la bouche fermée, de ne pas pouvoir vraiment discuter et de reprendre la même route, tous les matins, avec une fatigue qui s'accumule, pour recevoir, à la fin de la semaine, seulement ce qu'on veut bien vous donner, et qui suffit de moins en moins.

Alors, ils s'étaient mis en colère. Il y en avait deux ou trois qui hésitaient, mais la colère les avait gagnés aussi après les premières discussions avec le patron. Il avait dit en effet, tout sec, que c'était à prendre ou à laisser. Un homme ne parle pas ainsi. «Qu'est-ce qu'il croit! avait dit Esposito, qu'on va baisser le pantalon?» Le patron n'était pas un mauvais bougre, d'ailleurs. Il avait pris la succession du père, avait grandi dans l'atelier et connaissait depuis des années presque tous les ouvriers. Il les invitait parfois à des casse-croûte, dans la tonnellerie; on faisait griller des sardines ou du boudin sur des feux de copeaux et, le vin aidant, il était vraiment très gentil. A la nouvelle année, il donnait toujours cinq bouteilles de vin fin à chacun des ouvriers, et souvent, quand il y avait parmi eux un malade ou simplement un événement, mariage ou communion, il leur faisait un cadeau

une bordelaise un tonneau employé pour les vins de Bordeaux (225 l)
un foudre un grand tonneau
compromis,e en difficulté
une marge de bénéfices *m* Gewinnspanne

ajuster qc adapter qc
une douelle chacune des parties en bois qui forment le corps d'un tonneau
resserrer rapprocher le plus possible
le rafia bastähnliche Papierart
l'étoupe *f* Werg
la maîtrise *ici:* le fait de bien connaître son métier
coincé,e bloqué
s'accumuler augmenter peu à peu

un mauvais bougre *fam* un méchant homme
la succession la suite

un casse-croûte un petit repas
un boudin Blutwurst
un copeau Hobelspan

d'argent. A la naissance de sa fille, il y avait eu des dragées pour tout le monde. Deux ou trois fois, il avait invité Yvars à chasser dans sa propriété du littoral. Il aimait bien ses ouvriers, sans doute, et il rappelait souvent que son père avait débuté comme apprenti. Mais il n'était jamais allé chez eux, il ne se rendait pas compte. Il ne pensait qu'à lui, parce qu'il ne connaissait que lui, et maintenant c'était à prendre ou à laisser. Autrement dit, il s'était buté à son tour. Mais, lui, il pouvait se le permettre.

Ils avaient forcé la main au syndicat, l'atelier avait fermé ses portes. «Ne vous fatiguez pas pour les piquets de grève, avait dit le patron. Quand l'atelier ne travaille pas, je fais des économies.» Ce n'était pas vrai, mais ça n'avait pas arrangé les choses puisqu'il leur disait en pleine figure qu'il les faisait travailler par charité. Esposito était fou de rage et lui avait dit qu'il n'était pas un homme. L'autre avait le sang chaud et il fallut les séparer. Mais, en même temps, les ouvriers avaient été impressionnés. Vingt jours de grève, les femmes tristes à la maison, deux ou trois d'entre eux découragés, et pour finir, le syndicat avait conseillé de céder, sur la promesse d'un arbitrage et d'une récupération des journées de grève par des heures supplémentaires. Ils avaient décidé la reprise du travail, en crânant, bien sûr, en disant que ce n'était pas cuit, que c'était à revoir. Mais ce matin, une fatigue qui ressemblait au poids de la défaite, le fromage au lieu de la viande, et l'illusion n'était plus possible. Le soleil avait beau briller, la mer ne promettait plus rien. Yvars appuyait sur son unique pédale et, à chaque tour de roue, il lui semblait vieillir un peu plus. Il ne pouvait penser à l'atelier, aux camarades et au patron qu'il allait retrouver, sans que son cœur s'alourdît un peu plus. Fernande s'était inquiétée: «Qu'est-ce que vous allez lui dire? – Rien.» Yvars avait enfourché sa bicyclette, et secouait la tête. Il serrait les dents; son petit visage brun et ridé, aux traits fins s'était fermé. «On travaille. Ça suffit.» Maintenant il roulait, les dents

le littoral la côte

se buter rester sur ses positions

forcer la main à qn faire agir qn contre sa volonté

un piquet de grève un groupe qui empêche les non-grévistes d'entrer dans l'usine

la charité l'amour du prochain

céder ≠ résister

un arbitrage le réglement d'un conflit

la récupération le remplacement

crâner *fam* faire le courageux

c'est cuit *fam* c'est fini, perdu

une défaite ≠ une victoire

enfourcher qc monter sur qc

ridé,e qui a de petits plis dûs à l'âge

toujours serrées, avec une colère triste et sèche qui assombrissait jusqu'au ciel lui-même.

Il quitta le boulevard, et la mer, s'engagea dans les rues humides du vieux quartier espagnol. Elles débouchaient dans une zone occupée seulement par des remises, des dépôts de ferraille et des garages, où s'élevait l'atelier: une sorte de hangar, maçonné jusqu'à mi-hauteur, vitré ensuite jusqu'au toit de tôle ondulée. Cet atelier donnait sur l'ancienne tonnellerie, une cour encadrée de vieux préaux, qu'on avait abandonnée lorsque l'entreprise s'était agrandie et qui n'était plus maintenant qu'un dépôt de machines usagées et de vieilles futailles. Au-delà de la cour, séparé d'elle par une sorte de chemin couvert en vieilles tuiles commençait le jardin du patron au bout duquel s'élevait la maison. Grande et laide, elle était avenante, cependant, à cause de sa vigne vierge et du maigre chèvrefeuille qui entourait l'escalier extérieur.

Yvars vit tout de suite que les portes de l'atelier étaient fermées. Un groupe d'ouvriers se tenait en silence devant elles. Depuis qu'il travaillait ici, c'était la première fois qu'il trouvait les portes fermées en arrivant. Le patron avait voulu marquer le coup. Yvars se dirigea vers la gauche, rangea sa bicyclette sous l'appentis qui prolongeait le hangar de ce côté et marcha vers la porte. Il reconnut de loin Esposito, un grand gaillard brun et poilu qui travaillait à côté de lui, Marcou, le délégué syndical, avec sa tête de ténorino, Saïd, le seul Arabe de l'atelier, puis tous les autres qui, en silence, le regardaient venir. Mais avant qu'il les eût rejoints, ils se retournèrent soudain vers les portes de l'atelier qui venaient de s'entrouvrir. Ballester, le contremaître, apparaissait dans l'embrasure. Il ouvrait l'une des lourdes portes et, tournant alors le dos aux ouvriers, la poussait lentement sur son rail de fonte.

Ballester, qui était le plus vieux de tous, désapprouvait la grève, mais s'était tu à partir du moment où Esposito lui avait dit qu'il servait les intérêts du

s'engager dans entrer dans
déboucher dans s'ouvrir sur, donner sur
une remise un bâtiment où on range des véhicules ou des matériaux
la ferraille de vieux morceaux et objets de fer
un hangar [ɛ̃ɑ̃gar] une grande remise (↑)
maçonné,e en ciment
la tôle ondulée Wellblech
un préau la partie couverte d'une cour
une futaille un tonneau
une tuile Dachziegel
avenant,e d'un aspect extérieur agréable
la vigne vierge wilder Wein
le chèvrefeuille Geißblatt

un appentis un petit bâtiment, à côté d'un plus grand, et qui sert de remise (↑)
un gaillard [gajar] un homme fort, robuste
un ténorino un ténor léger

un contremaître celui qui dirige un groupe d'ouvriers
l'embrasure *f* le cadre de la porte
la fonte Gußeisen
désapprouver qc ne pas être d'accord avec qc

patron. Maintenant, il se tenait près de la porte, large et court dans son tricot bleu marine, déjà pieds nus (avec Saïd, il était le seul qui travaillât pieds nus) et il les regardait entrer un à un, de ses yeux tellement clairs qu'ils paraissaient sans couleur dans son vieux visage basané, la bouche triste sous la moustache épaisse et tombante. Eux se taisaient, humiliés de cette entrée de vaincus, furieux de leur propre silence, mais de moins en moins capables de le rompre à mesure qu'il se prolongeait. Ils passaient, sans regarder Ballester dont ils savaient qu'il exécutait un ordre en les faisant entrer de cette manière, et dont l'air amer et chagrin les renseignait sur ce qu'il pensait. Yvars, lui, le regarda. Ballester, qui l'aimait bien, hocha la tête sans rien dire.

Maintenant, ils étaient tous au petit vestiaire, à droite de l'entrée: des stalles ouvertes, séparées par des planches de bois blanc où l'on avait accroché, de chaque côté, un petit placard fermant à clé; la dernière stalle à partir de l'entrée, à la rencontre des murs du hangar, avait été transformée en cabine de douches, au-dessus d'une rigole d'écoulement creusée à même le sol de terre battue. Au centre du hangar, on voyait, selon les places de travail, des bordelaises déjà terminées, mais cerclées lâches, et qui attendaient le forçage au feu, des bancs épais creusés d'une longue fente (et pour certains d'entre eux des fonds de bois circulaires, attendant d'être affûtés à la varlope, y étaient glissés), des feux noircis enfin. Le long du mur, à gauche de l'entrée, s'alignaient les établis. Devant eux s'entassaient les piles de douelles à raboter. Contre le mur de droite, non loin du vestiaire, deux grandes scies mécaniques, bien huilées, fortes et silencieuses, luisaient.

Depuis longtemps, le hangar était devenu trop grand pour la poignée d'hommes qui l'occupaient. C'était un avantage pendant les grandes chaleurs, un inconvénient l'hiver. Mais aujourd'hui, dans ce grand espace, le travail planté là, les tonneaux échoués dans les coins, avec l'unique cercle qui réu-

un tricot un pull-over en laine
basané,e au teint très brun
humilié,e profondément blessé dans son amour-propre
vaincu,e qui a perdu
rompre qc *ici:* faire cesser qc
se prolonger durer
chagrin,e triste
hocher la tête secouer la tête
le vestiaire Umkleideraum
une stalle un petit compartiment, ouvert devant et délimité par deux planches
une rigole un petit conduit, pour l'eau
l'écoulement *m* le fait de couler hors d'un lieu
la terre battue de la terre durcie parce qu'on a souvent marché dessus
lâche *ici:* lose
le forçage l'action de resserrer(↑) par un effort violent
une fente une ouverture en long
circulaire qui a la forme d'un cercle
affûter qc *ici:* etw. bearbeiten
une varlope un grand rabot (Hobel)
s'aligner être rangé sur une même ligne
un établi la table de travail d'un ouvrier
s'entasser former un tas
une pile un tas
une scie [si] une machine à couper
luire briller
une poignée de un petit nombre de
échoué,e *ici:* abandonné

nissait les pieds des douelles épanouies dans le haut, comme de grossières fleurs de bois, la poussière de sciure qui recouvrait les bancs, les caisses d'outils et les machines, tout donnait à l'atelier un air d'abandon. Ils le regardaient, vêtus maintenant de leurs vieux tricots, de leurs pantalons délavés et rapiécés, et ils hésitaient. Ballester les observait. «Alors, dit-il, on y va?» Un à un, ils gagnèrent leur place sans rien dire. Ballester allait d'un poste à l'autre et rappelait brièvement le travail à commencer ou à terminer. Personne ne répondait. Bientôt, le premier marteau résonna contre le coin de bois ferré qui enfonçait un cercle sur la partie renflée d'un tonneau, une varlope gémit dans un nœud de bois, et l'une des scies, lancée par Esposito, démarra avec un grand bruit de lames froissées. Saïd, à la demande, apportait des douelles, ou allumait les feux de copeaux sur lesquels on plaçait les tonneaux pour les faire gonfler dans leur corset de lames ferrées. Quand personne ne le réclamait, il rivait aux établis, à grands coups de marteau, les larges cercles rouillés. L'odeur des copeaux brûlés commençait de remplir le hangar. Yvars, qui rabotait et ajustait les douelles taillées par Esposito, reconnut le vieux parfum et son cœur se desserra un peu. Tous travaillaient en silence, mais une chaleur, une vie renaissaient peu à peu dans l'atelier. Par les grands vitrages, une lumière fraîche remplissait le hangar. Les fumées bleuissaient dans l'air doré; Yvars entendit même un insecte bourdonner près de lui.

A ce moment, la porte qui donnait dans l'ancienne tonnellerie s'ouvrit sur le mur du fond, et M. Lassalle, le patron, s'arrêta sur le seuil. Mince et brun, il avait à peine dépassé la trentaine. La chemise blanche largement ouverte sur un complet de gabardine beige, il avait l'air à l'aise dans son corps. Malgré son visage très osseux, taillé en lame de couteau, il inspirait généralement la sympathie, comme la plupart des gens que le sport a libérés dans leurs attitudes. Il semblait pourtant un peu embarrassé en franchissant la porte. Son bonjour fut moins sonore

épanoui,e *ici:* ouvert
la sciure [sjyr] la poudre de bois
rapiécé,e réparé avec des pièces
résonner produire un bruit
enfoncer faire entrer
renflée *ici:* la plus large
un nœud de bois Astknoten
la lame la partie coupante d'une scie (↑)
froissé,e *ici:* verbogen
river *ici:* fixer
rouillé,e rostig
taillé,e coupé pour prendre une certaine forme
se desserrer se détendre
bourdonner summen
le seuil le sol, devant une porte
un complet un costume
embarrassé,e gêné, troublé
franchir qc passer qc
sonore fort, bruyant

que d'habitude; personne en tout cas n'y répondit. Le bruit des marteaux hésita, se désaccorda un peu, et reprit de plus belle. M. Lassalle fit quelques pas indécis, puis il avança vers le petit Valéry, qui travaillait avec eux depuis un an seulement. Près de la scie mécanique, à quelques pas d'Yvars, il plaçait un fond sur une bordelaise et le patron le regardait faire. Valéry continuait à travailler, sans rien dire. «Alors, fils, dit M. Lassalle, ça va?» Le jeune homme devint tout d'un coup plus maladroit dans ses gestes. Il jeta un regard à Esposito qui, près de lui, entassait sur ses bras énormes une pile de douelles pour les porter à Yvars. Esposito le regardait aussi, tout en continuant son travail, et Valéry repiqua le nez dans sa bordelaise sans rien répondre au patron. Lassalle, un peu interdit, resta un court moment planté devant le jeune homme, puis il haussa les épaules et se retourna vers Marcou. Celui-ci, à califourchon sur son banc, finissait d'affûter, à petits coups lents et précis, le tranchant d'un fond. «Bonjour, Marcou», dit Lassalle, d'un ton plus sec. Marcou ne répondit pas, attentif seulement à ne tirer de son bois que de très légers copeaux. «Qu'est-ce qui vous prend, dit Lassalle d'une voix forte et en se tournant cette fois vers les autres ouvriers. On n'a pas été d'accord, c'est entendu. Mais ça n'empêche pas qu'on doive travailler ensemble. Alors, à quoi ça sert?» Marcou se leva, souleva son fond, vérifia du plat de la main le tranchant circulaire, plissa ses yeux langoureux avec un air de grande satisfaction et, toujours silencieux, se dirigea vers un autre ouvrier qui assemblait une bordelaise. Dans tout l'atelier, on n'entendait que le bruit des marteaux et de la scie métallique. «Bon, dit Lassalle, quand ça vous aura passé, vous me le ferez dire par Ballester.» A pas tranquilles, il sortit de l'atelier.

Presque tout de suite après, au-dessus du vacarme de l'atelier, une sonnerie retentit deux fois. Ballester, qui venait de s'asseoir pour rouler une cigarette, se leva pesamment et gagna la petite porte au fond.

se désaccorder perdre son harmonie
de plus belle encore plus fort
indécis,e hésitant
repiquer *ici:* baisser de nouveau
interdit,e *ici:* très étonné, très troublé
à califourchon assis comme sur un cheval
le tranchant le bord aigu
plisser *ici:* fermer à demi
langoureux,-euse rêveur et tendre
le vacarme un grand bruit
retentir se faire entendre

Après son départ, les marteaux frappèrent moins fort; l'un des ouvriers venait même de s'arrêter quand Ballester revint. De la porte, il dit seulement: «Le patron vous demande, Marcou et Yvars.» Le premier mouvement d'Yvars fut d'aller se laver les mains, mais Marcou le saisit au passage par le bras et il le suivit en boitant.

Au-dehors, dans la cour, la lumière était si fraîche, si liquide, qu'Yvars la sentait sur son visage et sur ses bras nus. Ils gravirent l'escalier extérieur, sous le chèvrefeuille où apparaissaient déjà quelques fleurs. Quand ils entrèrent dans le corridor tapissé de diplômes, ils entendirent des pleurs d'enfant et la voix de M. Lassalle qui disait: «Tu la coucheras après le déjeuner. On appellera le docteur si ça ne lui passe pas.» Puis le patron surgit dans le corridor et les fit entrer dans le petit bureau qu'ils connaissaient déjà, meublé de faux rustique, les murs ornés de trophées sportifs. «Asseyez-vous», dit Lassalle en prenant place derrière son bureau. Ils restèrent debout. «Je vous ai fait venir parce que vous êtes, vous, Marcou, le délégué et, toi, Yvars, mon plus vieil employé après Ballester. Je ne veux pas reprendre les discussions qui sont maintenant finies. Je ne peux pas, absolument pas, vous donner ce que vous demandez. L'affaire a été réglée, nous sommes arrivés à la conclusion qu'il fallait reprendre le travail. Je vois que vous m'en voulez et ça m'est pénible, je vous le dis comme je le sens. Je veux simplement ajouter ceci: ce que je ne peux pas faire aujourd'hui, je pourrai peut-être le faire quand les affaires reprendront. Et si je peux le faire, je le ferai avant même que vous me le demandiez. En attendant, essayons de travailler en accord.» Il se tut, sembla réfléchir, puis leva les yeux sur eux. «Alors?» dit-il. Marcou regardait au-dehors. Yvars, les dents serrées, voulait parler, mais ne pouvait pas. «Écoutez, dit Lassalle, vous vous êtes tous butés. Ça vous passera. Mais quand vous serez devenus raisonnables, n'oubliez pas ce que je viens de vous dire.» Il se, leva, vint vers Marcou et lui tendit

gravir qc monter qc avec effort

tapissé,e de couvert de

surgir apparaître brusquement

pénible *ici:* désagréable

la main. «Chao!» dit-il. Marcou pâlit d'un seul coup, son visage de chanteur de charme se durcit et, l'espace d'une seconde, devint méchant. Puis il tourna brusquement les talons et sortit. Lassalle, pâle aussi, regarda Yvars sans lui tendre la main. «Allez vous faire foutre», cria-t-il.

Quand ils rentrèrent dans l'atelier, les ouvriers déjeunaient. Ballester était sorti. Marcou dit seulement: «Du vent», et il regagna sa place de travail. Esposito s'arrêta de mordre dans son pain pour demander ce qu'ils avaient répondu; Yvars dit qu'ils n'avaient rien répondu. Puis, il alla chercher sa musette et revint s'asseoir sur le banc où il travaillait. Il commençait de manger lorsque, non loin de lui, il aperçut Saïd, couché sur le dos dans un tas de copeaux, le regard perdu vers les verrières, bleuies par un ciel maintenant moins lumineux. Il lui demanda s'il avait déjà fini. Saïd dit qu'il avait mangé ses figues. Yvars s'arrêta de manger. Le malaise qui ne l'avait pas quitté depuis l'entrevue avec Lassalle disparaissait soudain pour laisser seulement place à une bonne chaleur. Il se leva en rompant son pain et dit, devant le refus de Saïd, que la semaine prochaine tout irait mieux. «Tu m'inviteras à ton tour», dit-il. Saïd sourit. Il mordait maintenant dans un morceau du sandwich d'Yvars, mais légèrement, comme un homme sans faim.

Esposito prit une vieille casserole et alluma un petit feu de copeaux et de bois. Il fit réchauffer du café qu'il avait apporté dans une bouteille. Il dit que c'était un cadeau pour l'atelier que son épicier lui avait fait quand il avait appris l'échec de la grève. Un verre à moutarde circula de main en main. A chaque fois, Esposito versait le café déjà sucré. Saïd l'avala avec plus de plaisir qu'il n'avait mis à manger. Esposito buvait le reste du café à même la casserole brûlante, avec des clappements de lèvres et des jurons. A ce moment, Ballester entra pour annoncer la reprise.

Pendant qu'ils se levaient et rassemblaient papiers et vaisselles dans leurs musettes, Ballester vint se

tourner les talons *m* partir brusquement

allez vous faire foutre! *pop* allez au diable!

du vent rien de concret

mordre dans qc planter les dents dans qc

une figue Feige

un malaise un sentiment d'inquiétude

une entrevue une conversation, une discussion

avaler qc boire qc

à même directement dans

un clappement un bruit sec

un juron Fluch

placer au milieu d'eux et dit soudain que c'était un coup dur pour tous, et pour lui aussi, mais que ce n'était pas une raison pour se conduire comme des enfants et que ça ne servait à rien de bouder. Esposito, la casserole à la main, se tourna vers lui; son épais et long visage avait rougi d'un coup. Yvars savait ce qu'il allait dire, et que tous pensaient en même temps que lui, qu'ils ne boudaient pas, qu'on leur avait fermé la bouche, c'était à prendre ou à laisser, et que la colère et l'impuissance font parfois si mal qu'on ne peut même pas crier. Ils étaient des hommes, voilà tout, et ils n'allaient pas se mettre à faire des sourires et des mines. Mais Esposito ne dit rien de tout cela, son visage se détendit enfin, et il frappa doucement l'épaule de Ballester pendant que les autres retournaient à leur travail. De nouveau les marteaux résonnèrent, le grand hangar s'emplit du vacarme familier, de l'odeur des copeaux et des vieux vêtements mouillés de sueur. La grande scie vrombissait et mordait dans le bois frais de la douelle qu'Esposito poussait lentement devant lui. A l'endroit de la morsure, une sciure mouillée jaillissait et recouvrait d'une sorte de chapelure de pain les grosses mains poilues, fermement serrées sur le bois, de chaque côté de la lame rugissante. Quand la douelle était tranchée, on n'entendait plus que le bruit du moteur.

Yvars sentait maintenant la courbature de son dos penché sur la varlope. D'habitude, la fatigue ne venait que plus tard. Il avait perdu son entraînement pendant ces semaines d'inaction, c'était évident. Mais il pensait aussi à l'âge qui fait plus dur le travail des mains, quand ce travail n'est pas de simple précision. Cette courbature lui annonçait aussi la vieillesse. Là où les muscles jouent, le travail finit par être maudit, il précède la mort, et les soirs de grands efforts, le sommeil justement est comme la mort. Le garçon voulait être instituteur, il avait raison, ceux qui faisaient des discours sur le travail manuel ne savaient pas de quoi ils parlaient.

bouder schmollen

l'impuissance *f* le fait de ne rien pouvoir faire contre qc

faire des mines *f* kokettieren

vrombir brummen

la morsure la partie mordue (↑)
jaillir sortir brusquement
la chapelure de pain Paniermehl
rugissant,e qui produit un bruit intense
une courbature une douleur musculaire causée par la fatigue

maudit,e *ici:* détesté
précéder qc venir juste avant qc
le sommeil le fait de dormir

Quand Yvars se redressa pour reprendre souffle et chasser aussi ces mauvaises pensées, la sonnerie retentit à nouveau. Elle insistait, mais d'une si curieuse manière, avec de courts arrêts et des reprises impérieuses, que les ouvriers s'arrêtèrent. Ballester écoutait, surpris, puis se décida et gagna lentement la porte. Il avait disparu depuis quelques secondes quand la sonnerie cessa enfin. Ils reprirent le travail. De nouveau, la porte s'ouvrit brutalement, et Ballester courut vers le vestiaire. Il en sortit, chaussé d'espadrilles, enfilant sa veste, dit à Yvars en passant: «La petite a eu une attaque. Je vais chercher Germain», et courut vers la grande porte. Le docteur Germain s'occupait de l'atelier; il habitait le faubourg. Yvars répéta la nouvelle sans commentaires. Ils étaient autour de lui et se regardaient, embarrassés. On n'entendait plus que le moteur de la scie mécanique qui roulait librement. «Ce n'est peut-être rien», dit l'un d'eux. Ils regagnèrent leur place, l'atelier se remplit de nouveau de leurs bruits, mais ils travaillaient lentement, comme s'ils attendaient quelque chose.

Au bout d'un quart d'heure, Ballester entra de nouveau, déposa sa veste et, sans dire un mot, ressortit par la petite porte. Sur les verrières, la lumière fléchissait. Un peu après, dans les intervalles où la scie ne mordait pas le bois, on entendit le timbre mat d'une ambulance, d'abord lointaine, puis proche, et présente, maintenant silencieuse. Au bout d'un moment, Ballester revint et tous avancèrent vers lui. Esposito avait coupé le moteur. Ballester dit qu'en se déshabillant dans sa chambre, l'enfant était tombée d'un coup, comme si on l'avait fauchée. «Ça, alors!» dit Marcou. Ballester hocha la tête et eut un geste vague vers l'atelier; mais il avait l'air bouleversé. On entendit à nouveau le timbre de l'ambulance. Ils étaient tous là, dans l'atelier silencieux, sous les flots de lumière jaune déversés par les verrières, avec leurs

se redresser se remettre droit
reprendre (son) souffle Atem holen

impérieux,-euse pressant, impératif

une espadrille une chaussure de toile, à semelle de corde
enfiler qc mettre qc
une attaque *ici:* Herzanfall
un faubourg un quartier extérieur de la ville

un intervalle un espace de temps
mat,e [mat] sourd (dumpf)

faucher qn jdn. ummähen

bouleversé,e sous l'effet d'une forte émotion

rudes mains inutiles qui pendaient le long des vieux pantalons couverts de sciure.

Le reste de l'après-midi se traîna. Yvars ne sentait plus que sa fatigue et son cœur toujours serré. Il aurait voulu parler. Mais il n'avait rien à dire et les autres non plus. Sur leurs visages taciturnes se lisaient seulement le chagrin et une sorte d'obstination. Parfois, en lui, le mot malheur se formait, mais à peine, et il disparaissait aussitôt comme une bulle naît et éclate en même temps. Il avait envie de rentrer chez lui, de retrouver Fernande, le garçon, et la terrasse aussi. Justement, Ballester annonçait la clôture. Les machines s'arrêtèrent. Sans se presser, ils commencèrent d'éteindre les feux et de ranger leur place, puis ils gagnèrent un à un le vestiaire. Saïd resta le dernier, il devait nettoyer les lieux de travail, et arroser le sol poussiéreux. Quand Yvars arriva au vestiaire, Esposito, énorme et velu, était déjà sous la douche. Il leur tournait le dos, tout en se savonnant à grand bruit. D'habitude, on le plaisantait sur sa pudeur; ce grand ours, en effet, dissimulait obstinément ses parties nobles. Mais personne ne parut s'en apercevoir ce jour-là. Esposito sortit à reculons et enroula autour de ses hanches une serviette en forme de pagne. Les autres prirent leur tour et Marcou claquait vigoureusement ses flancs nus quand on entendit la grande porte rouler lentement sur sa roue de fonte. Lassalle entra.

Il était habillé comme lors de sa première visite, mais ses cheveux étaient un peu dépeignés. Il s'arrêta sur le seuil, contempla le vaste atelier déserté, fit quelques pas, s'arrêta encore et regarda vers le vestiaire. Esposito, toujours couvert de son pagne, se tourna vers lui. Nu, embarrassé, il se balançait un peu d'un pied sur l'autre. Yvars pensa que c'était à Marcou de dire quelque chose. Mais Marcou se tenait, invisible, derrière la pluie d'eau qui l'entourait. Esposito se saisit d'une chemise, et il la passait prestement quand Lassalle dit: «Bonsoir», d'une voix un peu détimbrée, et se mit à marcher vers la petite

taciturne fermé, triste
l'obstination *f* le fait que qn change difficilement d'avis
une bulle *ici:* Wasserblase
la clôture *ici:* la fin de la journée de travail
arroser qc verser un peu d'eau sur qc
velu,e couvert de poils
plaisanter qn se moquer de qn
la pudeur Schamhaftigkeit
les parties nobles *f* les parties sexuelles
la hanche Hüfte
un pagne Lendenschurz
claquer qc frapper qc
vigoureusement avec énergie
dépeigné,e décoiffé, en désordre
prestement rapidement
détimbré,e ≠ sonore

porte. Quand Yvars pensa qu'il fallait l'appeler, la porte se refermait déjà.

Yvars se rhabilla alors sans se laver, dit bonsoir lui aussi, mais avec tout son cœur, et ils lui répondirent avec la même chaleur. Il sortit rapidement, retrouva sa bicyclette et, quand il l'enfourcha, sa courbature. Il roulait maintenant dans l'après-midi finissant, à travers la ville encombrée. Il allait vite, il voulait retrouver la vieille maison et la terrasse. Il se laverait dans la buanderie avant de s'asseoir et de regarder la mer qui l'accompagnait déjà, plus foncée que le matin, au-dessus des rampes du boulevard. Mais la petite fille aussi l'accompagnait et il ne pouvait s'empêcher de penser à elle.

A la maison, le garçon était revenu de l'école et lisait des illustrés. Fernande demanda à Yvars si tout s'était bien passé. Il ne dit rien, se lava dans la buanderie, puis s'assit sur le banc, contre le petit mur de la terrasse. Du linge reprisé pendait au-dessus de lui, le ciel devenait transparent; par-delà le mur, on pouvait voir la mer douce du soir. Fernande apporta l'anisette, deux verres, la gargoulette d'eau fraîche. Elle prit place près de son mari. Il lui raconta tout, en lui tenant la main, comme aux premiers temps de leur mariage. Quand il eut fini, il resta immobile, tourné vers la mer où courait déjà, d'un bout à l'autre de l'horizon, le rapide crépuscule. «Ah, c'est de sa faute!» dit-il. Il aurait voulu être jeune, et que Fernande le fût encore, et ils seraient partis, de l'autre côté de la mer.

encombré,e *ici:* où il y a beaucoup de circulation

une buanderie Waschküche

une rampe Geländer

reprisé,e recousu

une gargoulette Kühlgefäß

le crépuscule une faible lumière, entre le coucher du soleil et la nuit noire

Vocabulaire de l'explication de texte

Erzählform – Le genre narratif

Kurzformen – Les formes brèves du genre narratif

Kurzgeschichte, Erzählung	**un récit:** un récit fantastique, absurde, humoristique, réaliste, historique, d'aventures, policier, de science-fiction, etc.
Kurzgeschichte, Novelle	**une nouvelle** = un récit relativement court, comportant en général peu de personnages.
Erzählung, Märchen	**un conte** = un récit fictif, parfois à caractère fantastique.
Märchen	**un conte de fées** = un récit fantastique.
Fabel	**une fable** = un petit récit en vers ou en prose, qui introduit ou illustre une morale.

Text, Thema, Titel – Texte, thème, titre

Text	**le texte:** le texte est peu compréhensible, facile à comprendre, intéressant, passionnant, convaincant, présente quelques aspects intéressants, (ne) comporte (pas) trop d'invraisemblances, de lieux communs, présente de nombreuses difficultés, est (toujours) d'une certaine, grande actualité.
Inhalt	**le contenu, le fond**
Form	**la forme:** le texte se présente sous la forme d'un monologue, sous forme de dialogues, etc.
Thema	**le thème/le sujet:** l'idée principale, centrale, générale du texte; le texte a pour thème/sujet ..., il traite (de), parle de, évoque/aborde le problème de ...; il s'agit d'un texte sur/concernant ...
Titel	**le titre:** le texte a pour titre, s'intitule, est intitulé ...; le titre évoque qc, attire l'attention sur qc; il éveille/pique la curiosité du lecteur, est bien, mal choisi.

Die Handlung und ihr Rahmen – L'action et son cadre

Handlung	**l'action** *f:* l'action se passe, se déroule, a lieu, se précipite; elle est compliquée, confuse, (in-)vraisemblable, émouvante, captivante *(fesselnd)*, spectaculaire, etc.
Handlungsablauf, Fabel	**l'intrigue** *f:* l'intrigue se (dé-)noue, est centrée autour de ...
Handlungsperspektive	**la perspective:** l'action est présentée à distance, sans distance, de l'extérieur, de l'intérieur par le narrateur *(Erzähler; ↓)*.
Handlungsort, Rahmen	**le cadre/le décor:** tel environnement constitue le cadre, le décor du récit/sert de cadre au récit; décrire, brosser, dépeindre un décor; fixer le cadre du récit.
Atmosphäre	**l'atmosphère** *f:* l'atmosphère est tendue/détendue, fantastique; créer une atmosphère de ...; baigner dans une atmosphère de mystère, de grisaille *(f; grau in grau)*.
Situation	**une situation:** une situation quotidienne, inattendue, embrouillée *(verwickelt)*, fantastique, absurde; un retournement de situation = un coup de théâtre *(Knalleffekt ↓)*.

Ereignis — **un événement:** un événement imprévu, malencontreux *(unglücklich)*, grave; un événement survient, arrive, se déroule, a lieu; relater, raconter, rapporter, narrer des événements.

Konflikt — **un conflit:** un conflit prend naissance, s'amorce *(entsteht)*, s'aggrave, se résout; être, entrer en conflit avec qn.

Knalleffekt — **un coup de théâtre** = un brusque changement de situation.

Beweggrund — **un mobile** = la cause d'une action.

Grund — **un motif** = la raison d'un acte, d'un comportement.

Personen – Les personnages

Person — **un personnage:** un personnage très typé, hors du commun, tragique, comique, énigmatique *(rätselhaft)*, diabolique, etc.; le personnage est présenté de façon *explicite* (son physique et son caractère sont décrits par le narrateur – *Erzähler* (↓) – ou dépeints par un autre personnage), ou *implicite* (c'est au lecteur de se faire une idée du personnage à partir de ses actes et de son environnement).

Protagonist — **un/une protagoniste**

Hauptperson — **le personnage principal**

Held — **le héros/l'héroïne** = le personnage principal, souvent présenté de manière positive.

Personenbeschreibung — **un portrait:** tracer, brosser, faire le portrait physique/moral d'un personnage.

das Äußere — **le physique:** être, avoir l'air, sembler, paraître solide, robuste, chétif *(schwächlich)*, maladif, etc.

Charakter — **le caractère:** avoir bon/mauvais caractère, un caractère froid, flegmatique, exubérant *(überschwenglich)*, passionné, complexe, etc.

Charakterzug — **un trait de caractère**

Verhalten — **le comportement** = la façon d'agir.

Autor, Erzähler, Erzählhaltung – L'auteur, le narrateur, l'attitude narrative

Autor — l'auteur *m* = celui qui écrit le récit; l'auteur écrit à la 1ère personne *(Ich-Erzähler)*, à la 3e; il présente un rapport objectif sur/concernant qc, il montre, démontre, prouve, apporte la preuve que ...; il dénonce, démasque, cherche à démystifier; il présente sa vision du monde, la société; il crée, évoque, dépeint un monde/un univers réaliste, imaginaire, idéalisé, angoissant, tragique.

Erzähler — le narrateur = celui qui raconte l'histoire.

Erzählhaltungen — les attitudes narratives *f:* il y en a deux, qui correspondent à deux types de récits.

1. Erzähl-haltung	1ère attitude narrative: lorsque l'histoire est racontée par un narrateur absent du récit, il a un rôle d'observateur, de spectateur, de témoin. Il est alors ...
beobachtender/ auktorialer Beobachter	**le narrateur-témoin:** il raconte l'histoire à la 1ère personne; il n'évoque des personnages que ce que l'on peut enregistrer de l'extérieur; seuls les personnages peuvent exprimer leurs propres pensées et sentiments.
allwissender Erzähler	**le narrateur omniscient:** il raconte l'histoire à la 3e personne; il sait tout sur les pensées et les sentiments des personnages, et les communique tous, ou en partie seulement, au lecteur; il arrive, cependant, qu'il se contente d'adopter le point de vue d'un ou de quelques personnages.
2. Erzähl-haltung	2e attitude narrative: le narrateur raconte l'histoire à la première personne, mais il n'est plus absent du récit: il en est le héros ou l'un des personnages. Il est alors ...
personaler Erzähler	**le narrateur-protagoniste**

Struktur, Aufbau – La structure

Gliederung	**la composition:** le texte se compose de, est composé de, comprend, peut être divisé en plusieurs parties.
Einleitung, Exposition	**l'exposition** *f* = l'introduction *f*.
Entwicklung	**le développement:** le développement de l'action (↑), de l'intrigue (↑).
Überleitung	**la transition:** la transition est brusque, imperceptible *(unmerklich)*; passer sans transition d'une idée à une autre.
dramatische Spannung	**la tension dramatique:** la tension monte, augmente, croît, diminue.
Steigerung	**l'intensification** *f*: l'intensification de la tension dramatique.
Höhepunkt	**le point culminant:** le point culminant est atteint lorsque la tension dramatique est la plus forte.
Krise	**la crise** = le point culminant du conflit (↑), après lequel l'intrigue (↑) se dénoue.
Lösung, Schluß	**le dénouement:** un dénouement prévisible, bien amené, brusque, inattendu.

Sprache und Stil – La langue et le style

Sprache	**la langue**
Wortwahl	**le choix des mots/termes**
Schlüsselwort	**le mot clé**
Grundbedeutung	**le sens propre:** ce terme est employé au sens propre.
übertragene Bedeutung	**le sens figuré:** ce terme est employé au sens figuré.
Begriff	**un terme**

Spezialbegriff, Fachausdruck	**un terme technique**
bildlicher Ausdruck	**une expression imagée**
umgangs-sprachlich	**familier,-ière:** en français familier.
„Slang", Argot	**l'argot** *m:* en argot
Argotausdruck	**une expression argotique**
veraltet	**vieilli,e**
gewählt	**soigné,e/recherché,e**
Stil	**le style:** le style est élégant, brillant, soigné, recherché, poétique; les figures *f* de style *(Stilfiguren; ↓).*

Stilfiguren – Les figures de style

Antiphrase	**une antiphrase** = un procédé ironique par lequel on dit le contraire de ce qu'on pense *(Dracula, ce jeune homme charmant).*
Anapher	**une anaphore** = la répétition d'un ou de plusieurs mots en début de phrase *(«Sur ton visage heureux, sur cette ville heureuse, ...»;* Prévert*).*
Aufzählung	**une énumération** = la coordination ou la juxtaposition de plusieurs termes appartenant souvent au même champ lexical.
Bild	**une image** = la présentation d'une idée sous forme d'image (expression de l'abstrait par le concret).
Vergleich	**une comparaison** = la liaison de plusieurs mots à l'aide d'un terme de comparaison: p. ex. *comme (belle comme le jour).*
Ellipse	**une ellipse** = une phrase ou une expression à laquelle il manque un ou plusieurs mots *(Ensuite?* pour *Qu'est-ce qui s'est passé ensuite?).*
Euphemismus	**un euphémisme** = le fait de remplacer une expression dure ou choquante par une autre qui l'est moins *(prodiguer ses faveurs à qn* pour *avoir des rapports sexuels avec qn).*
Personifikation	**une personnification** = le fait de présenter une notion abstraite ou une chose sous les traits d'une personne *(C'est un Adonis.* pour *Il est beau.).*
Pleonasmus	**un pléonasme** = le renforcement d'un mot ou d'une expression par un mot ou une expression de même sens *(une si noire obscurité).*
Umschreibung, Periphrase	**une périphrase** = le fait d'évoquer une chose ou une personne sans les nommer expressément *(la ville-lumière* pour *Paris).*
Übertreibung, Hyperbel	**une hyperbole** = une expression volontairement exagérée *(Je t'aime à la folie.).*
Untertreibung, Litotes	**une litote:** une expression qui dit peu pour faire entendre plus *(Ce n'est pas mal.* pour *C'est très bien.).*
Wortspiel	**un jeu de mots:** une plaisanterie qui repose sur la confusion de deux significations d'un même mot ou sur la confusion de deux termes qui présentent une ressemblance phonétique *(«Les miroirs feraient bien de réfléchir avant de renvoyer les images.»;* Cocteau*).*